数字经济理论与产业转型发展研究

张艳慧　高秋瑾　陈露彤　著

中国民族文化出版社

北　京

图书在版编目(CIP)数据

数字经济理论与产业转型发展研究 / 张艳慧,高秋瑾,陈露彤著. -- 北京:中国民族文化出版社有限公司,2023.11(2025.6重印)

ISBN 978-7-5122-1806-2

Ⅰ.①数… Ⅱ.①张…②高…③陈… Ⅲ.①信息经济-经济发展-研究-中国 Ⅳ.①F492

中国国家版本馆 CIP 数据核字(2023)第 184863 号

数字经济理论与产业转型发展研究
SHUZI JINGJI LILUN YU CHANYE ZHUANXING FAZHAN YANJIU

作　　者	张艳慧　高秋瑾　陈露彤
责任编辑	张　宇
责任校对	李文学
出版发行	中国民族文化出版社　地址:北京市东城区和平里北街 14 号
	邮编:100013　联系电话:010-84250639　64211754(传真)
印　　装	三河市同力彩印有限公司
开　　本	710 mm×1000 mm　1/16
印　　张	13
字　　数	200 千字
版　　次	2023 年 11 月第 1 版
印　　次	2025 年 6 月第 2 次印刷
标准书号	ISBN 978-7-5122-1806-2
定　　价	68.00 元

目　录

第一章 数字经济探究

第一节 数字经济相关概念

一、数字经济

一般认为，数字经济分为狭义数字经济和广义数字经济。狭义的数字经济是指完全或者主要由基于数字产品或服务的商业模式的数字技术所引起的那部分产出，即核心部门或者数字部门，包括软件制造、信息服务等行业；广义的数字经济——数字化经济，包括一切基于数字技术的经济活动，即除了狭义的数字经济外，还包括工业4.0、精准农业、电子商务等。这种定义虽然模糊了界限，但是足以将未来涌现的基于数字技术的新业态纳入进来。

中国信息通信研究院将数字经济分为数字经济基础部分（包括电子信息制造业、信息通信业以及软件服务业等）和数字经济融合部分（将数字技术应用到制造业、服务业等传统行业所增加的产出）。这种分类方法得到许多学者和研究机构的认同。

数字经济的具体内涵可界定为以知识为基础，在数字技术（特别是在计算机和因特网）催化作用下，在制造领域、管理领域和流通领域以数字化形式表现的新经济形态。这一内涵的界定包括三个方面：

（1）在形式上表现为商业经济行为的不断数字化、网络化和电子化，即电子商务的蓬勃发展。

（2）在内容上体现为传统产业的不断数字化以及新兴数字化产业的蓬勃发展。

（3）实质是在以创新为特征的知识社会中，当以 1 和 0 为基础的数字化技术发展到一定阶段，信息数字化扩展到整个经济社会的必然趋势。

数字经济就是在数字技术的基础上形成的经济，是数据信息在网络中流行而产生的一种经济活动，其基本特征主要有三点：

第一，数字技术在大范围内被推广使用，使得经济环境与经济活动发生了根本性改变。

第二，经济活动在现代信息网络中发生的频率增多。

第三，信息技术使经济结构得以优化，并有效地推动了经济增长。

二、信息化与数字化

信息化主要是指信息数字化。通过计算机系统将模拟信息转换成 0 和 1 的二进位制代码，应用于业务流程和数据统计，减少业务开展的劳动成本，提高业务效率。信息化通过将技术应用到生产、销售等企业运作的各个环节，将物理世界的客户、商品、业务等转变成数字虚拟世界的进制二位的信息，使得企业业务流程等以数据的形式储存在计算机系统中。也就是说，信息化仅仅是信息的数字化。

数字化主要是通过数字技术改变传统商业运作模式，将企业业务运营数字化，形成虚拟运作场景。通过数字技术和实体业务交互进行"机器学习"，将企业运营和管理模型化，指导企业管理做出最佳决策，建立新的商业运作模式。互联网催生了信息技术变革，各行各业利用互联网不断应用信息化，突破生产的时间、空间边界。随着信息技术的更新迭代，数字技术逐渐成为主流，催生出新的发展模式，推动各行各业数字化发展。

三、产业转型与产业升级

产业转型升级是由于技术进步引起供需变化，导致产品和生产要素的相对价格改变，企业重新配置资源改变产出的结构，使得劳动生产率提高，产业迅速增长并扩大市场规模，进而推动整个产业结构得到优化。根据规模边际效用可知，在国民经济的产业发展中，无论是传统产业还是新兴产业，经过高速发展进入成熟期，都会面临着产品创新、产业升级和转型问题，否则就会进入衰退期。因此，产业转型升级是实现经济高质量发展过程中必不可少的产业结构调整。

我们也可以将产业转型升级拆分来看，产业转型升级可以看作产业转型和产业升级两个阶段。产业转型是产业升级的基础，产业升级是产业转型的具体表现。两者具有共同的目标，就是推动产业适应经济发展形势，使产业向更加合理化和高度化的方向演进。

四、信息经济与数字经济

信息经济是与"数字经济"最相似的概念，也是引起最广泛研究的概念之一。事实上，二者既存在着时间上的顺承关系，也存在着显著的内涵差异。

一方面，数字经济由信息经济发展而来，是信息经济发展的高级阶段。

20世纪中叶，微电子技术和集成电路水平的提升，加上信息存储基础设施的突破，即第二代晶体管电子计算机的发明，极大地提高了信息和知识的存储能力。20世纪50年代，数字技术扩散至其他领域，在其他产业的应用与融合过程中，对产业结构和经济社会发展产生了深远影响。彼得·德鲁克将其称为信息经济，丹尼尔·贝尔将其称为超工业社会。

1962 年，马克卢普基于 20 世纪 50 年代的数字技术背景，正式提出了信息经济的概念，将向市场提供信息产品或信息服务的企业视为重要的经济部门，并提出了"第一信息部门"的概念。该概念的使用伴随数字技术在经济社会的渗透被逐步认可，概念的内涵也随之不断丰富。20世纪 70-80 年代，在集成电路的规模化、微型处理器的出现等条件下，数字技术与其他产业部门的融合进入加速阶段，新现象的出现进一步丰富了信息部门的内涵。

因此，马克·波拉特在 1987 年提出了"第二信息部门"的概念。认为除了直接向市场提供信息产品和服务的第一信息部门，同时存在把信息劳务和资本仅作为投入，并不直接进入市场的第二信息部门，将信息部门的外延进一步延伸至融合了信息产品和服务的其他经济部门。此时，数字经济与其他经济部门出现融合趋势，进一步深化了对经济社会的影响。同年，对信息经济的理论研究更加丰富，除理论概念的创新，还建立了信息经济的测算体系。

经济学者波拉特 1977 年撰写的《信息经济》一书，基于会计方法建立了信息经济测算模型，定义了主要信息部门和次要信息部门，发现10 年前美国 46%的国民经济活动与信息活动相关，信息活动创造的相关就业人数接近 50%。该研究表明：在工业经济时代，信息已经成为重要的生产要素，能够促进生产力的进步与发展。信息经济的研究开始受到重视。

另一方面，数字经济在技术基础、经济拉动、产业变革和社会变革等方面都呈现出与信息经济不同的特征。

20 世纪 80-90 年代，互联网技术日益成熟，生成了全球范围的海量数据，对原有基于分散的终端进行数据处理的能力造成了极大挑战，促使数字技术新特征的发展。20世纪末，大数据、云计算等新兴数字技术发展迅猛，带动数字技术从信息产业的外溢，在促进传统产业数字化的同时，也催生了新的产业和新的经济运行模式。数字化产业和产业数字化现象超越了之前学者提出的"第一信息部门"和"第二信息部门"范畴。尼葛洛庞帝基于上述背景，预见性地在其所著的《数字化生存》一书中，提出"数字化"。

1996年，有"数字经济之父"之称的唐·塔普斯科特在《数字经济：智力互联时代的希望与风险》一书中提出数字经济概念，预见性地提出美国信息高速公路普及之后将出现新的经济体制，宣告数字经济时代的到来。1998—2000年，美国商务部连续三年出版了名为《浮现中的数字经济》和《数字经济》的研究报告。

进入21世纪，数字经济的概念不断传播，被广泛接受和使用。经济合作与发展组织的相关研究报告开始使用数字经济展望取代了之前的通信展望、互联网经济展望和信息与通信技术展望。从信息经济概念到数字经济概念使用上的变化，体现了数字经济的发展演化过程，在数字技术在经济部门更加广泛的渗透、应用及融合的背景下，数字经济将以更广泛、更深入、更高级的方式为经济社会的发展带来更为深刻的变革。

第二节　数字经济的特征

一、从不同角度定义数字经济

随着数字经济的不断发展，学者和机构从不同角度去定义数字经济。现有文献主要从经济部门、技术属性、经济形态和经济活动四个角度来理解数字经济：

（一）经济部门角度

将数字经济视作一个经济部门，一些学者提出数字经济是一个完全通过数字化技术完成商品和服务生产、售卖或者供应的经济部门。

（二）技术属性角度

有些学者和机构突出了数字经济的技术属性。计算机和通信技术的融合，和由此产生的信息和技术的流动，促进了电子商务的发展和组织的变革，由此催生了数字经济。

从狭义角度来看，数字经济指的主要是信息通信技术；从广义角度来看，数字经济包含了所有可以被数字化的产业和领域。

（三）经济形态角度

将数字经济视作一种新的经济形态。数字经济是一种特殊的经济形态，它的内核是社会经济通过数字化的方式完成交易。数字经济是一种独立的经济形态，它是依靠数字技术实现的所有社会经济活动的加总，构成这些社会经济活动的交易通过比特流方式实现运转。

（四）经济活动角度

将数字经济视作经济活动。有学者将数字经济等同于具体的经济活动，一些学者认为数字经济就是电子商务，后来又有学者在此基础上有所扩展。数字经济是通过互联网完成交易的一切社会经济活动，是通过互联网和相关技术进行的一系列经济和社会活动的融合。

二、数字经济的特征

数字经济是继农业经济、工业经济之后的主要经济形态。伴随着信息和网络设施的建设和数字技术的发展，数字经济走向生活的方方面面，引领生活与生产的变革，给经济的发展注入了强大的动力。数字经济具备渗透性强、覆盖面广、创新性强、边际效益递增的特征。依托数字技术与数据生产要素，有效融入生产、交换、流通、消费等环节，数字经济有效改造传统产业、孵化新兴产业，减少了市场上的信息不对称，改善了市场环境。

除了生产方面，数字经济在生活方面也发挥了不小的作用。数字经济提升了政府的治理效能，提高了人民的生活质量，比如在疫情背景下的治理中，数字经济就发挥了不可或缺的作用。数字经济成了全球发展的新趋势，研究数字经济对产业结构优化升级的影响具有十分重要的意义。

（一）数据是不可或缺的生产要素

在数字经济时代，数据成了不可或缺的生产要素，它应该被纳入新经济时代的增长核算框架。何玉长等认为虚拟形态的数据是数字经济的基本生产要素，甚至将其比作了数字经济的细胞。产生于开放多源的渠道中的海量数据，已经逐渐汇集成为一个庞大的"大数据"空间，它精准地映射并持续记录了人类的行为特征。

大数据被看作是战略性基础资源，其价值在于通过分析并挖掘其中蕴含的信息，为各种实际应用提供其他资源难以替代的决策支持作用。

因为大数据包含了很多信息，当企业掌握相关生产信息后，有利于其降低决策成本，帮助其在市场中定位；同时，大数据使得分工进一步细化，企业可以更加精准地满足消费者的需求，并利用其产品的差异化带来的先行优势，在市场竞争中占据有利的地位。

消费者得到需要的异质化产品，厂商实现利润最大化，整个社会达到了帕累托最优①状态。

第一，在微观层面，大数据使产业之间的关联关系发生了改变，具体包括产品供求关联关系和技术供求关联关系，从而产生了大量符合高质量发展要求的战略性新兴产业，而这些战略性新兴产业反过来又推动传统产业进行创新，优化原有产业结构，从而提高产业竞争力。

第二，在宏观层面，大数据使传统的生产制造模式转型成为社会制造模式，即提供信息的每个个体都参与到了整个生产过程。但是同质化产品仍然会由厂商负责制造，差异化产品则可由个人进行制造。这种转变提升了生产要素的组合效率，同时有助于加速资源流通速度，提高创新效率和宏观调控效率。

（二）数字经济具有经济性特征

数字经济技术具体包括物联网、大数据、人工智能和区块链。这些数字技术集群对原有的生产方式产生了颠覆性的影响，它的应用使得新一轮科技革命和产业革命的出现成为可能，使得经济社会的整体结构与个体行为规则被重新塑造。

数字经济时代，市场上出现了平台企业这一新兴主体，它创造了一种新的生产交换关系，塑造了一种新的社会生产组织形态，非平台类企业和以往相比，则呈现出生产越来越专业和市场细分的趋势。

数字经济还催生出共享经济这一经济模式，目前，随着数字经济微观主体日益增多以及数字技术日益发展，共享经济规模呈现出继续扩张的发展势头。

数字经济的创新性对经济增长的影响机制可从微观和宏观两个角度

---

① 帕累托最优：也称为帕累托效率，是指资源分配的一种理想状态，假定固有的一群人和可分配的资源，从一种分配状态到另一种状态的变化中，在没有使任何人境况变坏的前提下，使得至少一个人变得更好，这就是帕累托改进或帕累托最优化。

进行分析：

其一，在微观层面，当在数字经济背景下探讨有关经济增长的问题时，首先应该考虑成本问题。数字经济有利于形成规模经济、范围经济和长尾效应，进而便于控制成本。规模经济使生产厂商产量大幅增加，促使大型企业的出现；范围经济则可以使企业生产多种产品并提供多种服务，开展多项业务来满足消费者的多元要求，使得消费端出现长尾效应。

其二，在宏观层面，数字经济丰富的生产要素和高效的生产函数提高了资源配置效率，技术的进步和商业模式的创新提高了生产效率。

（三）数字经济促进传统行业的转型升级

数字经济将互联网等技术和传统产业进行融合，促进传统产业实现转型和升级，提升传统产业的效率，增加传统产业的产量。传统产业利用数字经济实现了产出增加，该部分目前已经构成了数字经济的主要组成部分，成为促进数字经济发展的重要动力。目前，产业融合出现了跨界融合、产销融合以及协同创新的趋向。产业融合对经济高质量的影响机制表现为：数据与传统制造业进行深度融合，使产业结构向高级化方向演化，从而达到提升产业绩效，提高产业竞争力的目的。

第三节　数字经济独有的特点

数字经济作为一种有别于农业经济和工业经济的新型经济形态，其呈现出一些传统经济所不存在的独有特点，具体表现在以下五个方面。

一、数据资源是核心资产

数字经济时代，一切信息均能够以数字化形式表达、传送和储存，数据成为驱动经济发展的关键生产要素。从生产要素来看，农业经济的核心要素是土地，工业经济的核心要素是资本、煤炭、石油，而数字经济的核心要素则是数据。数字经济领域时刻有海量数据产生，而且随着移动互联网和物联网的蓬勃发展，人与人、人与物、物与物的互联互通得以实现，数据资源、数据量呈几何级数爆发式增长。全球数据增速符合大数据摩尔定律，大约每两年翻一番。

庞大的数据量及其处理和应用需求催生了大数据概念，数据日益成为重要的战略资产。数据资源将是企业的核心实力，谁掌握了数据，谁就具备了优势。对国家也是如此。数据是驱动数字经济技术创新与模式创新的核心力量，对数据的分析、挖掘与利用，可以释放巨大价值，数据日益成为重要战略资源和新型生产要素。

二、向人工智能方向发展

智能化是指事物在互联网、大数据、物联网、人工智能等技术支撑下能动地满足人类需求的属性。智能化的实现依赖于算法，算法是计算机程序运行的一系列规则。作为构建平台的底层技术要素，定价算法、推荐算法等被广泛运用于电子商务、新闻媒体交通、医疗等各领域。

2015 年以来，人工智能研究在多个领域实现突破，数字经济进入以智能化为核心的发展阶段。目前，其商业模式还主要集中在单一的弱人工智能应用上，包括语音识别、自动驾驶、机器人写稿、图像识别、医疗辅助等诸多领域，具有代表性的公司有谷歌、百度、科大讯飞、阿里巴巴、苹果等公司。未来，智能化技术发展将对数字经济发展产生质变效应，推动人类生产生活方式的新变革。

利用共享时代的优势，加快传统企业的数字化转型，将是未来所有企业的核心战略。在共享时代利用个人、企业、政府甚至社会的闲置资源，依靠互联网、大数据、云计算等数字技能，推动传统企业向数字化转型发展。传统企业依靠"互联网+企业"的模式，应用数据化思维，建立连接内外资源、协作共享的机制，通过建立数字化的协同平台以及资源、财务、法务共享平台，实现互联互通，做到精细化管理，最终实现传统企业的智能化发展。

三、拥有超大规模的分工与协作体系

互联网平台模式是数字经济的重要组织形式。平台是一种居中撮合、连接两个或多个群体的市场组织，其主要功能是促进不同群体之间的交互与匹配。平台具有跨界网络效应，即一个平台产品或服务对用户的价值取决于平台另一边用户的规模。比如网约车平台上司机越多，平台对乘客的价值就越大。在网络效应作用下，数字经济在许多细分领域容易形成"赢家通吃""一家独大"的市场格局，数字平台的崛起成为全球数字经济发展的重要现象与必然规律。依托"云网端"新基础设施，互联网平台创造了全新的商业环境。

信息流不再被工业经济供应链体系中的巨头阻隔，供应商和消费者的距离大大缩短，沟通成本大大降低，直接支撑了大规模协作的形成。

四、服务型数字产业迅猛发展

首先，共享时代要求数字资源具有共享性。数字经济的一大发展方向应当是不断拓展数字信息资源，发展关于数字技术的集成、存储、分析以及交易业务，在共享时代下释放数字技术资源的新价值。

其次，共享时代需要数字技术与产业融合发展，以便创造出更多的商业发展模式。数字技术与产业融合成为数字经济的重要发展方向，通过产业融合，实现产业数字化、智能化，产业的边界逐渐模糊，最终形

成产业开放化发展以及产业间价值网络转型升级。

最后，共享时代要求数字经济发展具有强大的服务功能，由此才能带动对共享商业模式的更多需求。融合服务业与数字技术发展的服务型数字产业是共享时代数字经济发展的重要方向，也体现出数字经济在共享时代的应用性，以数字技术为基础的数字金融、智能支付、智慧物流、智慧健康电子商务、数字信息服务等服务型数字产业将在共享时代迅猛发展。

五、构成了一个互联互通的新世界

随着数字经济的发展，跨界融合的特点日益突出。

一是供给方和需求方的界限日益模糊，逐渐成为融合的"产销者"。在供给方面，企业可以通过大数据技术挖掘用户需求，分析用户的消费行为和习惯，有针对性地开发产品，如可以借助3D打印技术实现完全个性化的设计和生产。在需求方面，透明度增加、消费者参与和消费新模式的出现，使企业不得不改变原来的设计推广和交付方式。

二是人类社会网络世界和物理世界日益融合。随着数字技术的发展，网络世界不再仅仅是物理世界的虚拟映像，而是真正进化为人类社会的新天地，成为人类新的生存空间。同时，数字技术与物理世界的融合，也使得现实物理世界的发展速度向网络世界靠近，人类社会的发展速度将呈指数级增长。

网络世界和物理世界融合主要是靠信息物理系统实现的。该系统包含了无处不在的环境感知、嵌入式系统、网络通信和网络控制等系统工程，使我们身边的各种物体具有计算、通信、精确控制、远程协助和自组织功能，使计算能力与物理系统紧密结合与协调。同时，随着人工智能、VR（虚拟现实）、AR（增强现实）等技术的发展，推进物理世界、网络世界和人类社会之间的界限逐渐消失，构成一个互联互通的新世界。

第二章　数字经济的优势及制约因素

第一节　数字经济的发展优势

经过数十年的发展，我国发展数字经济所依托的基础软硬件技术和产业取得了较大进展。目前，中国发展数字经济有着自身独特的优势和有利条件，起步很快，势头良好，在多数领域开始形成与先行国家同台竞争、同步领跑的局面，未来在更多的领域存在领先发展的巨大潜力。中国发展数字经济的独特优势突出表现在三个方面：人口优势、后发优势和制度优势。

一、人口优势

近年来，信息基础设施和信息产品迅速发展，信息技术的赋能效应逐步显现，为数字经济带来无限创新空间。以互联网为基础的数字经济解决了信息不对称的问题，偏远地区的人们和弱势群体通过互联网、电子商务就可以了解市场信息，学习新技术、新知识，实现创新、创业，获得全新的上升通道。

基于互联网的分享经济还可以将海量的碎片化资源（如土地、房屋、产品、劳力、知识、时间、设备、生产能力等）整合起来，满足多样化、个性化的社会需求，使得全社会的资源配置能力和效率都得到大幅提升。当每一个网民的消费能力、供给能力、创新能力都进一步提升并发挥作用时，数字经济将迎来真正的春天。

二、后发优势

中国数字经济的发展是在工业化任务没有完成的基础上开始的，工业化尚不成熟降低了数字经济发展的路径依赖与制度锁定。工业化积累的矛盾和问题要用工业化的办法去解决，这十分困难，也费时较长，但有了信息革命和数字经济就不一样了。工业化的诸多痛点遇到数字经济就有了药到病除的妙方，甚至可以点石成金、化腐朽为神奇。

中国的网络购物、P2P 金融、网络约租车、分享式医疗等很多领域能够实现快速发展，甚至领先于许多发达国家，在很大程度上也是由于这些领域的工业化任务还没有完成，矛盾突出、痛点多，迫切需要数字经济发展提供新的解决方案。在制造业领域，工业机器人、3D 打印机等新装备、新技术在以长三角、珠三角等为主的中国制造业核心区域的应用明显加快，大数据云计算、物联网等新的配套技术和生产方式开始得到大规模应用。多数企业还没有达到工业 2.0、工业 3.0 水平就迎来了以智能制造为核心的工业 4.0 时代。

可以说，数字经济为中国加速完成工业化任务、实现"弯道超车"创造了条件。经过多年努力，中国在芯片设计、移动通信、高性能计算领域取得重大突破，部分领域甚至达到全球领先，涌现一批国际领先企业，华为、联想、中兴腾讯、阿里巴巴、百度等企业在全球地位稳步提高。

三、制度优势

中国发展数字经济的制度优势在于强有力的政治保障、战略规划政策体系、统筹协调和组织动员。这为数字经济的发展创造了适宜的环境，带动整个中国经济社会向数字经济转变。

在过去两年多的时间里，中国围绕信息化和数字经济发展密集出台了一系列政策文件，包括"互联网+"行动、宽带中国、中国制造 2025、大数据战略、信息消费、电子商务、智慧城市、创新发展战略等。各部门、各地区也纷纷制定出台了相应的行动计划和保障政策。中国信息化政策体系在全球也可以称得上是最健全的，也体现出国家对发展数字经济的决心之大、信心之足和期望之高。更为重要的是，中国制度优势有利于凝聚全国共识，使政策迅速落地生根，形成自上而下与自下而上推动数字经济发展的大国合力。

第二节　发展数字经济的制约因素

一、数字经济与实体经济融合基础薄弱

当前，我国数字经济与实体经济融合发展取得了一定成绩，但融合发展的深度和广度还有很多不足，特别是在产业融合发展方面表现得尤为明显。

从宏观层面看，我国现有的数据挖掘利用能力还跟不上数据爆发式增长的现实态势，在解决市场信息不对称方面还有很长的路要走，技术创新成效和经济高质量发展的要求还不匹配。

从微观层面看，企业和行业对相关产业与数字经济深度融合的价值识别以及主动作为的意识还不够，在具体实践中存在数字化、网络化、智能化资源整合力量薄弱等问题。

制造业是实体经济的主战场，我国制造企业数字化发展不平衡、不充分问题突出，部分企业达到了工业 3.0 水平，但大部分企业，特别是

广大中小企业仍处于工业 2.0 阶段。多数企业数字化水平较低，网络化、智能化的演进基础仍然薄弱。

二、数字经济技术人才短缺

我国数字经济发展的速度较快，很多科技型企业、研究机构在核心技术研发、大数据挖掘应用等领域的人才储备不足，自主创新研发能力较弱。特别是在一些重点行业的核心技术和关键产品研发方面，人才短缺问题比较突出，这在一定程度上制约了对数字资源更好地开发利用。

三、数据质量成为重要阻碍之一

数据作为一项重要资产和要素，数据质量决定了其现有价值及可挖掘的潜在价值。世界银行研究表明，对于发展中国家而言，数据质量问题是经济发展的重要障碍之一。此外，由于我国地域辽阔，在数字经济发展过程中还存在数字鸿沟问题，包括地域之间的数字鸿沟以及阶层之间的数字鸿沟。

四、创新能力尚有不足

数字经济的核心是创新，未来支撑数字经济的颠覆性变革的是硬科技。我国多数企业数字化水平较低，网络化、智能化演进困难，这也间接导致了我国很多高端工业，如传感器、工业控制系统、关键工业软件等仍被国外垄断。

目前，我国仍然是世界最大的芯片进口国，芯片设计和制造的核心技术的自主研发任重道远，尤其是在逆全球化思潮和单边主义影响下，加强基础科学前瞻布局和提升原始创新能力刻不容缓。此外，虽然大数据、云计算、物联网、服务联网、仿真分析、工业软件、数字控制、虚拟现实等名词不断被提到，但中国在这些技术层面的发展显然都不占优势。

在传感器、芯片、控制器等核心元器件，设计开发工具、仿真测试工具制造执行系统等工业软件，还有云计算、大数据等网络应用方面的核心技术实力亟待提升。同时，应不断加强基础类硬技术的攻关，包括无人驾驶、无人卖场、3D 打印、机器人、物联网、区块链、大数据以及生物基因等技术的突破。

随着新兴技术的广泛应用，伴随而来的信息安全威胁给我国信息安全带来新的挑战。据统计，我国 90% 以上的芯片、操作系统等软硬件产品以及通用协议和标准依赖进口，面临敏感信息泄露、系统停运等安全风险。同时，基础网络重要信息系统工业控制系统的安全风险日益突出，网络犯罪和新兴技术的安全威胁持续加大，使我国信息安全发展形势严峻而复杂。

第三章　发展数字经济的意义

第一节　数字经济出现的意义

数字经济的迅猛发展深刻地改变了人们生活、工作和学习的方式，并在传统媒体、商务、公共关系、娱乐等众多领域引发深刻变革。发展数字经济已成为信息时代的最强音，对我国而言更具有特殊意义。

以计算机、网络和通信等为代表的现代信息革命催生了数字经济。数字经济虽然并没有产生任何有形产品，但它可以完成辅助设计、跟踪库存、完成销售、执行信贷、控制设备、设计计算、飞机导航、远程诊治等工作。

一、一场全球性变革

数字经济的出现，对人类社会来说是一场划时代的全球性变革，推动人类向更深层次地跨入经济全球化时代。比如，数字网络的发展使全球化不再局限于商品和生产要素的跨国流动，而是从时空角度改变了世界市场和国际分工的格局。数字经济的出现拓展了贸易空间，缩短了贸易的距离和时间，使全球贸易规模远远超越了以往任何一个时期。凭借数字网络技术的支持，跨国公司远程管理成本大幅度地下降，企业活动范围更加全球化。

二、数字经济发展下带来的连锁效益

互联网普及率的提高，极大地受益于移动基础设施的发展和资费的下降。在许多新兴和欠发达国家，移动宽带连接的广泛提供，使得这些经济体的互联网接入量大幅增加、宽带速度不断提升。移动宽带质量的提升和 Wi-Fi 的大规模普及，使移动设备扩大了应用规模，影响了数以亿计用户的工作和生活。

三、数字经济促进我国经济发展

数字经济代表着新生产力的发展方向，对我国而言更是具有特殊意义。互联网、云计算、大数据等数字经济技术本身就是新常态下供给侧结构性改革要培育和发展的主攻方向。数字化将发掘新的生产要素和经济增长点，加速传统行业转型。

"经济发展的新动能在哪里"这本来是一个大难题，曾让很多国家困扰了很多年。但现在不同了，因为人类经历了农业革命、工业革命，现在正在经历信息革命—正是信息革命为我国顺利跨越"中等收入陷阱"提供了前所未有的历史性机遇。

从社会发展史看，每一次产业技术革命都会带来社会生产力的大飞跃。农业革命增强了人类生存能力，使人类从采食捕猎走向栽种畜养，从野蛮时代走向文明社会；工业革命拓展了人类体力，大规模工厂化生产取代了工场手工生产，彻底改变了工业生产能力不足、产品供给不足的局面；而信息革命则增强了人类脑力，数字化工具、数字化生产、数字化产品成就了数字经济，也促成了数字化生存与发展。以数字化、网络化、智能化为特征的信息革命催生了数字经济，也为经济发展提供了新动能。

四、引领产业转型升级

回顾历史，无论是国家还是企业，谁能抓住新一轮重大新技术革命的浪潮，谁就可以后来居上、脱颖而出。而在当前新一轮科技革命引发的技术创新浪潮驱动下，我国新技术、新产业、新业态、新模式蓬勃发展，带动着新一轮产业结构调整和产业升级，不断释放出经济高质量发展的新动能。

围绕传统产业数字化转型有以下几点：

第一，传统产业的数字化转型和利用新技术发展新经济同等重要。

一方面，要高度重视发展新经济；另一方面，要更加重视在国民经济中占比重较大的传统产业，利用新技术革命带来的机遇推动产业转型升级。传统产业数字化转型，对我国经济发展方式转换和高质量发展具有重要战略意义。

第二，传统产业的数字化转型既是技术的转型，又是商业模式的转型。

当前，很多传统产业在探索不同的数字化转型路径，有的推出新产品、有的推出新服务方式、有的推出新商业模式、有的生产过程发生了重大变化，很多时候，技术升级和商业模式的转型是交织在一起的。数字化转型的方式多种多样，而且这种变化才刚刚开始，更深刻的变化还在后面，需要市场不断探索。

第三，传统产业的数字化转型需要在多方面营造良好环境。

比如，要有鼓励创新的环境，要有一整套体制、机制引导社会把更多的资源投向创新活动，要有包容创新的监管理念、监管办法引导和鼓励传统产业的数字化转型，让创新成为新时代推动经济发展最重要的动力。

第二节　数字经济未来发展趋势

一、未来发展趋势

数字经济时代，数字网络技术的创新及广泛应用使全球产业结构更加知识化、高科技化。知识和技术等"软要素"正在取代资本和劳动力成为决定产业结构竞争力的重要因素。

一是全球产业结构软化趋势愈加明显。

新一代信息技术蓬勃发展，跨国 ICT 企业加速市场扩张与产品创新步伐，世界各国都在大力发展信息技术产业，实现知识驱动的经济发展模式。

二是传统产业加强了与信息产业的联系。

计算机与数字技术能带来高效的生产效率，因此，传统产业不断加强与信息产业的前向联系和后向联系，以便拥有更强的产业竞争力和创造更高的产业附加值。

三是新兴服务业方兴未艾。

由于信息技术的普及和创新，计算机和软件服务、互联网信息等新兴服务业的迅速崛起，知识化、信息化、智能化正在成为全球服务业未来发展的新方向。

二、发展数字经济成为必要选择

面对数字经济发展大潮，许多国家都提出了自己的发展战略，如美国的工业互联网、德国的工业4.0、日本的新机器人战略、欧盟和英国的数字经济战略等。

数字经济本身就是新技术革命的产物，是一种新的经济形态、新的资源配置方式和新的发展理念，集中体现了创新的内在要求。我国发展数字经济，是贯彻"创新、协调、绿色、开放、共享"新发展理念的集中体现。

首先，数字经济减少了信息流动障碍，加速了资源要素流动，提高了供需匹配效率，有助于实现经济与社会、物质与精神、城乡之间、区域之间的协调发展。

其次，数字经济能够极大地提升资源的利用率，是绿色发展的最佳体现。

最后，数字经济的最大特点是基于互联网，而互联网的特性是开放共享。数字经济为落后地区、低收入人群创造了更多的参与经济活动、共享发展成果的机会。

第三节　我国发展数字经济的优势

一、数字经济在工业、制造业领域方兴未艾

当前，数字经济发展已从技术创新驱动向应用创新驱动转变，我国的网民优势就显得格外重要。庞大的网民和手机用户群体，使得我国数字经济在众多领域都可以轻易在全球排名中拔得头筹，如百度、阿里巴巴、腾讯、京东跻身全球互联网企业市值排行榜前10位，有足够的经验供互联网创业公司借鉴。小猪短租、名医主刀等一批分享型企业也在迅速崛起，领先企业的成功为数字经济全面发展提供了强大的示范效应。

我国数字经济的发展是在工业化任务没有完成的基础上开始的，尚不成熟的工业化降低了数字经济发展的路径依赖与制度锁定。工业化积

累的矛盾和问题若用工业化的办法去解决，则十分困难也费时较长，但有了信息革命和数字经济就不一样了。

工业化的诸多痛点遇到数字经济就有了药到病除的妙方，甚至可以点石成金、化腐朽为神奇。而我国的网络购物、P2P 金融、网约租车、分享式医疗等很多领域能够实现快速发展，甚至领先于许多发达国家，在很大程度上也是由于这些领域的工业化任务还没有完成，矛盾突出，痛点多，迫切需要数字经济发展提供新的解决方案。

在制造业领域，工业机器人、3D 打印机等新装备、新技术在以长三角、珠三角等为主的中国制造业核心区域的应用明显加快，大数据、云计算、物联网等新的配套技术和生产方式开始得到大规模应用。多数企业还没有达到工业 2.0、工业 3.0 水平就迎来了以智能制造为核心的工业 4.0 时代。

可以说，数字经济为我国加速完成工业化任务、实现"弯道超车"创造了条件。经过多年努力，我国在芯片设计、移动通信、高性能计算等领域取得重大突破，部分领域实现全球领先，如华为、联想、中兴、腾讯、阿里巴巴、百度等企业在全球的地位稳步提高。

二、具有强劲的发展潜力

因为互联网，许多原本落后的农村彻底改变了面貌。农村电商的快速发展和"淘宝村"的崛起，吸引了大量的农民和大学生返乡创业，人口的回流与聚集也拉动了农村生活服务水平的提升和改善，释放的数字红利也为当地发展提供了内生动力。现在，网购网销在越来越多的农村地区日渐普及，网上学习、手机订票、远程医疗服务纷至沓来，农民开始享受到前所未有的实惠和便利。正是因为有了数字经济的发展，许多农村地区从农业文明一步跨入信息文明。

第四章　软件产业与数字经济增长

第一节　经济增长理论

当前中国已进入数字经济引领经济发展的新时代，经济结构不断优化，新兴产业蓬勃发展。软件产业作为数字经济的核心，一直都是中国国民经济中增长最快的战略性新兴产业之一，也是推动产业数字化转型的主要动力。研究中国软件产业与数字经济增长的关系，有助于明确软件产业与数字经济增长之间相互促进的作用机制，对未来软件产业的发展提出有效对策和建议。

在经济学发展的长河中，经济增长理论占据了很大的空间，甚至可以说，西方主流经济学的发展史就是经济增长理论不断完善和丰富的过程，众多伟大的经济学家都对此进行了深入的思考并提出了自己的理论。经济增长理论主要研究长期经济增长的动力和引擎，即找出经济想要长期、可持续增长需要哪些因素来推动。目前，主流的经济增长理论可以分为古典经济增长理论、新古典经济增长理论和内生经济增长理论三大流派。

（1）古典经济增长理论

古典经济增长理论论述了人口数量、资本积累、分工、对外贸易、自然资源等众多增加国家财富、改善国民经济的因素，在此基础上，马克思进一步提出了劳动价值论和剩余价值论，将经济增长分为两大类：一类外延式增长，主要依靠生产要素的增加；另一类是内涵式增长，主要依靠生产要素效率的提升，更加科学地分析了资本主义市场经济。

古典经济增长理论抓住一国财富增加的内核，对所有影响经济增长的物质要素进行了深入研究，但它没有全面地考虑非物质资本，也没有充分重视人的主观能动性及社会的需求。随着产业革命的完成，大多数经济学家将目光聚焦于微观层面的问题，研究如何进行合理的资源配置和产品交换，对经济增长理论的研究逐渐减少。

（2）新古典经济增长理论

1929—1933 年，大萧条迫使经济学家再次重视对经济增长的研究，新古典经济增长理论逐渐登上历史舞台，代表人物包括马歇尔和索罗。新古典经济理论不仅强调物质资本对经济增长的贡献，还主张技术进步对经济增长具有十分重要的作用。

（3）内生长经济理论

内生经济增长理论将技术因素内生化，很好地解决了新古典经济增长理论中的矛盾，把知识和技术当作经济增长的决定因素，充分重视知识的应用和进步，即使仍有实证分析上的局限性，但也很好地说明了经济增长的动力源泉，并且对政策建议的提出有很大帮助。不同于古典经济增长理论主张的单纯依靠资本投入和劳动力数量增长的粗放型发展模式，内生经济增长理论强调技术进步是经济长期可持续发展的要诀，政府必须充分重视教育以提升技术水平，全力提高全要素生产率来促进经济增长。

第二节　软件产业的作用

一、推动传统产业数字化发展

从历史的角度来看，经济社会的发展经历了不同的阶段，从农业经济到工业经济，再到因为信息技术发展而产生的数字经济，各产业的信息化和数字化水平显著提高。到了 20 世纪 80—90 年代，互联网技术广泛接入，信息技术与网络技术相融合，进一步催生了数字经济的蓬勃发展，各产业的数字化程度要进一步升级，需要把数字技术与实体经济进行深度融合。

仅仅用信息业来替代农业和制造业过于简单和片面，数字化的实质应是农业和制造业广泛使用数字技术，借助数字技术的基础性和通用性，达到数字化在各个领域的扩散与渗透，从而促进传统产业的数字化转型。特别是现在互联网和移动互联网的发展，传统产业可以通过互联网进行互联互通和深入融合，形成"互联网+"的新产业模式，传统零售业与互联网结合发展为电子商务，传统教育行业与互联网结合发展为在线教育，传统文化产业与互联网结合发展为数字文创，既实现了自身的变革，又为整个经济社会创造了新的业态。

在这一变革中，软件产业无疑会发挥重要的作用。无论是农业还是工业，随着信息化的不断发展和两化融合的深入，要进一步实现数字化转型，都必须借助软件提高其智能化水平，加速重构经济发展与政府治理模式的新型经济形态，从而实现传统产业的数字化发展。

（一）促进产业数字化改造

1. 提高传统产业的生产效率

具体来说，引入的新技术能够使企业的最小生产规模显著降低，从而使企业的规模经济效应成为可能。同时，软件的广泛普及和深度使用能进一步加深传统产业的数字化进程，全面释放创新效应，让技术的扩散效应辐射到整个生产过程和社会生活中，催生出更高级的生产设备和生产方式，帮助传统产业在整个生产流程中提高研发水平，丰富产品设计，提高生产效率，拓宽销售渠道，创新管理方式，综合提高产业的生产效率。

2. 增强传统产业的生产活力

传统产业的信息化程度比较初级，不能适应数字经济时代的新要求，全面提升产业的数字化程度需要软件技术的充分应用，帮助产业释放发展潜能，创造出全新的商业模式，进而实现数字化转型升级。软件的应用为传统产业数字化改造提供新模式的一个典型应用体现在中国高速发展的移动互联网上。近年来，中国智能手机使用率越来越高，还涌现出了诸如平板电脑、智能电视、智能音箱等多种多样的移动终端，让传统的广播电视、视频传媒及家电等传统行业也在全力寻求数字化发展。

3. 促使产业创新发展

一般来看，一个产业的创新能力不是单纯地由技术创新和模式创新来决定的，而是需要整个产业的生态系统全面迭代升级。软件的广泛应用推进数字化的覆盖范围和渗透领域不断扩大，帮助传统行业更好地进行产品设计和数据交换，也为其提供了一个对接的平台，提高了产业创新的效率，通过与数字技术的跨界融合来创造新产品、探索新模式、拓展新业务，进而形成全新的生态体系。

（二）推动产业数字化融合

专业的分工是传统工业技术发展到一定阶段的产物，帮助各生产部门能专精自己的生产领域，但也给不同部门划定了固定的产业边界。信息化发展使信息技术和传统产业发生融合，但这些融合一般都是发生在产业内部，很少能够突破不同产业的固有边界，也就难以对其他产业部门产生影响，因而这种技术融合并不会使不同产业间的边界模糊或者消失。

但数字经济的进一步发展带来了深层次的融合，这种产业融合现象与传统工业化截然不同，它打破了不同部门间的传统产业边界，扩大了产业的辐射范围，让与之相关的产业都能得到发展，这都是得益于数字技术强烈的关联效应。

软件应用的强渗透性和亲和力使其能很好地将过去割裂的产业连接起来，使得因传统工业生产的分工而形成的固有被打破、被逐步瓦解，让不同产业间的融合和渗透成为可能。

软件产业在技术融合中起到的作用是提供了一个数字化平台，平台具有网络效应和连接效应，可以让各个产业在平台上发生互动与交叉重叠，使原本较弱的连接关系强化，使原本复杂的融合路径缩短，提高产业融合的发生概率和效率。这一功能的实现既依赖于数字化平台本身开放的架构，能统一标准，让海量的数据在其中储存，接入平台的产业都可以共享资源，匹配到最有可能发生融合的产业，又依赖于数字化平台的强渗透性与强关联性让连接效应大大增强，能有效打破产业的固有边界，缩短产业的融合路径。

二、推动人工智能的发展

(一) 人工智能并非仅是一项新技术

人工智能不仅是一种新技术，更是未来推动经济社会发展的重要基础设施。坚持应用导向，加快人工智能科技成果在各行业的商业化应用，既是发展人工智能的强力手段，也是我国抢占智能时代战略制高点、形成核心竞争力的必然选择。目前，人工智能产品已经走进了我们的日常生活，改变了人们的生活方式。智能手机、可穿戴设备、智能家居等产品使人们的生活愈发丰富多彩；半自动驾驶汽车、智慧交通系统、智能停车系统等可以有效提高人们的出行效率，降低出行成本；医疗导诊机器人、康复医疗机器人成为病人恢复健康的有力助手，等等。

(二) 人工智能商业化前景

人工智能赛道的竞争序幕刚刚开启。本质上，人工智能的产业价值是由大数据驱动的，而百度、阿里、腾讯、谷歌、亚马逊等凭借自身积累的海量数据在竞争中具有一定的领先优势，但在教育、交通、医疗等领域培育前景可观的人工智能市场绝不是一两家企业能够完成的事情。所以，这些行业领先者无一例外地选择了"打造开放平台、扶持技术创新、构建生态联盟"的布局策略。

因此，创业者及小微企业不能也不应该在人工智能商业化应用风口中隔岸观望，每个个体和组织都有大展拳脚的掘金机会，但前提是能够做到结合自身的实际情况选准切入点，"小步快跑、快速迭代"。为此，我们需要理清人工智能在各行业落地的思维、趋势、应用场景、增长逻辑、实践路径。这样才能精准切入，充分利用有限的资源，在人工智能商业化应用风口中分一杯羹。

（三）人工智能商业化应用

从诸多实践案例来看，人工智能商业化应用得以落地的关键在于能够融入人们的日常生活，激活庞大的消费需求，这样其发展才有更多的生机与活力，而不是沦为依赖资本加持与媒体热炒的科技泡沫。这提醒相关从业者要放下浮躁焦虑的心态，静下心来分析市场、洞察用户。

未来，人工智能产品将会像水和电一般，成为人们日常生活中不可或缺的有机组成部分。当然，距离人工智能商业化应用走向成熟还有很长的一段路要走，需要政府、科研机构、企业、资本方等各方的携手共建。在这个过程中，会涌现出很多创造"独角兽"企业的机遇，让那些积极创新、敢于试错的企业走上舞台中央，和国内外巨头一较高下。

三、软件产业对农业、工业、服务业的影响分析

（一）农业方面

信息技术的应用改善了农业生产方式，推动了农业生产智能化发展，从而使农业有了初步的信息化。但信息产业自身也在不断升级，涌现出了大数据、云计算和物联网等新概念和新技术。这些技术应用在农业中可以扩大农产业的产值，提高农产品的质量，创新农产品的销售渠道与经营方式，推动农业整体向数字化转型升级。农业数字化加速了软件的应用和升级，为农业的生产、管理、供给、销售、服务提供了有效的数据支持，让生产过程更具有科学性，发展方式更具有多样性，农业生产效率得以全面提升。

（二）工业方面

随着数字技术的发展与互联网的兴起，软件逐渐成为经济发展中的一种要素，承载着工业技术、工艺经验、制造知识和方法，帮助工业

领域的技术、产品和商业模式进一步成熟，开辟出许多综合性应用，为工业的创新发展创造了新动能，起到"赋能"的作用。例如，软件的应用能够加强用户与设备之间的交互，将真实的使用信息及时、准确地反馈给生产者，让企业及时了解用户的使用体验和新的需求，更好地提供多样化产品和个性化服务，有力提高了生产环节与消费环节的融合水平，促进了定制化工业软件的发展。

软件的应用还使得统一的数字化研发手段在产品的生产研发中广泛运用，每个开发人员都可以通过互联网进行交流，开展合作研发和联合设计，从而提高了产品研发设计的协同化程度，帮助工业技术创新发展。

(三) 服务业方面

数字经济的发展让现代服务业体系能够跨越时间和空间的限制，进一步细化分工、深化专业化水平，为消费者提供多种多样并满足其个性化需求的服务。软件的应用帮助数字技术和智能设备在服务业领域广泛深入应用，突破行业和层次的限制，涌现出团购服务、共享服务和体验式服务等智慧型服务模式。

软件的应用提高服务业的数字化水平，让消费者可以在线上进行餐饮和住宿的订购，预约家政服务，使传统行业除了进行线下销售外，还可以通过线上的方式扩大销售渠道和范围，多角度、多方位地为消费者提供优质服务，优化服务业的供给质量和供给结构。

软件为消费者和服务供给者提供了一个有效的沟通渠道，让消费者能准确地提出自己的需求和意见，让服务提供者能够及时接收反馈，优化服务流程，提高消费者的满意度，推动服务业从数量到质量的精细化方向转向。软件的应用软件产业与数字经济之间的互相作用机制，使二者相辅相成，共同促进共同发展。

第三节　政策建议

软件产业作为数字经济的核心产业，发展前景广阔，发展意义重大，但也是在短短几十年里才刚刚发展起来的，并逐渐成为影响中国国民经济发展的新兴战略产业。因其发展时间较短，国际竞争力较弱，因而更需要国家政策的扶持与对知识产权的保护，不断优化产业营商环境，帮助其健康、高效发展。

一、加强对知识产权的保护

随着数字经济的进一步成熟与发展，大数据、云计算、人工智能等新兴技术将会成为未来的潮流与趋势，软件产业应充分重视与这些新技术的融合发展，将软件服务作为新方向与新重点。对此，相关法律还应该与时俱进地不断完善，对在数字技术发展的过程中产生的知识产权问题做出具体的应对措施，切实保护软件开发者和使用者的合法权益，对各种侵权行为进行严厉打击。

对知识产权的保护不仅应包括法律层面的细化，还应该关注中小软件企业的发展。可以通过增加符合条件企业的加计扣除项目和金额等方法减税降费，使其能有更多的经费投入到人员的培训与技术的创新中去。同时，还应帮助中小企业建立完善的知识产权管理制度。在侵权行为发生时，及时予以法律和政策帮助，确保能及时维护企业的合法权益，为中小软件企业的发展创造健康的环境，增强软件产业的整体活力。

二、加强软件人才的培养

软件产业作为知识密集型产业，为数字经济的发展提供强有力的支撑。数字经济作为数据驱动的新兴经济模式，核心动力在于高素质专业人才的培养与储备。只有重视人才的培养与激励，才能为创新提供人才基础，只有拥有了广阔的人才基础，才有可能创造出更多的价值。

诸如美国、印度等软件产业发达国家，其人力资本要素都直接影响着本国的软件技术水平、软件出口份额，中国面临日渐激烈的国际竞争环境，只有建立一套科学的人才培养和激励相容机制，才能在数字经济的新形势下完成软件产业的快速增长与转型升级，并推动数字经济稳步发展。

三、加大科研投入与技术创新

软件产业是一个以技术为核心、具有创新性的行业，因而整体的科研能力与技术水平尤为重要。特别是如今，数字经济的蓬勃发展对软件产业提出了更高的要求，不仅要加快自身转型升级，还要不断深化与传统行业的融合，加快工业软件等新方向的技术升级。

对于高校、研究站等基础研究部门，教育部门应鼓励其加强软件基础理论和技术前沿的研究，大力支持计算机科学和软件领域的基础理论、软件开发技术和软件工程、软件高可信性保障等领域的软件基础理论和共性技术研究，简化相关科研项目的审核流程，增加科研经费的设立，保证创新性研究可以落地实施。要积极着手在大数据、云计算、人工智能、工业互联网等新兴领域的生态布局，加大技术研发投入，提高技术人才待遇，不断创新技术水平，形成以技术创新为核心的发展驱动力，以突破数字孪生、虚拟逻辑控制、边缘计算等新工业软件核心技术为目标，培育和孵化适应本土制造业特点的工业软件，推进自主工业软件的体系化发展和产业化应用。

四、加快数字化产业转型升级

数字化是未来经济发展的趋势，也是软件产业发展的基础和应对数字技术不断创新形势的必然要求。在这种大环境下，中国传统产业必须加快数字化转型的步伐，才能为软件产业与其他产业融合与创新打下基础，也才能更好地提高传统产业的数字化水平，带动中国数字经济进一步增长和发展。

在数字经济发展的背景下，软件产业不仅是数字化转型的推动者，还是所有行业的潜在颠覆者。软件产业通过数字化转型升级能进一步提高开发效率和质量，从"软件制造"转变为"软件创造"，能更好地明确分工、优化结构，带来更高的价值增值，推动数字经济向更广阔的阶段迈进，推动整个经济社会的可持续发展。

第五章　数字经济下制造业转型升级

制造业在国民经济中发挥着至关重要的作用。自从改革开放以来，我国制造业获得长足发展。但近年来，随着人口红利的下降，我国制造业发展的比较优势正在逐渐缩小。同时，全球制造业出现了发达国家先进制造业回流、其他发展中国家以低成本优势承接产业转移的现象。面临这一严峻形势，我国制造业迫切需要转型升级。

数字经济为制造业发展提供一个机会窗口，现阶段数字经济已经成为重要的经济增长极，对传统产业发展有着重要的拉动作用，因此有必要研究数字经济对制造业转型升级的影响。

第一节　制造业概念及发展情况

一、制造业概念

制造业是一国经济发展的支柱产业，同时制造业的整体发展水平也反映了国家的整体实力。自从改革开放以来，中国依靠人口红利、原材料等要素禀赋优势，在制造业发展方面取得了瞩目的成就，并且带动国民经济水平长期保持高位增长，这一现象被一些学者称为"中国奇迹"。但随着经济的不断发展，我国制造业存在的一些问题也逐渐显现出来。长期以来，我国主要承担技术水平较低的附加值生产加工环节，较少参与高附加值环节。

此外，伴随着我国生产要素成本整体升高以及人口红利逐渐下降的态势，制造业正在失去它原本的发展优势，中低端制造业正在向低成本国家流动，我国面临着来自东南亚国家的激烈竞争；自后金融危机时期以来，一些发达国家因虚拟经济受到剧烈冲击，开始重新关注制造业等实体经济。

同时，新的科技浪潮和产业革命出现，发达国家在推动制造业升级方面纷纷布局。德国提出了国家级战略"工业4.0"，目的是利用其传统制造业优势和信息通信技术等手段，不断提高制造业的数字化和智能化水平。

二、我国制造业经济的发展情况

目前，全球制造业生产领域出现了发达国家制造业不断回流、其他发展中国家以更加低廉的价格优势承揽产业转移的现象，我国制造业发展受到制约，急需转型升级。在新兴的科技革命的浪潮下，数字经济能够推动制造业实现转型升级。因此，探讨制造业转型升级的方向，结合经济高质量发展方向建立制造业转型升级的评价指标体系和分析数字经济对制造业转型升级的机制路径，具有重要的理论和现实意义。

从理论意义上来说，目前已有不少文献研究数字经济对制造业转型升级的促进作用，然而对于制造业转型升级的指标体系选择存在一定差异，较多选择单一指标，部分指标体系的设定，与当前我国制造业发展的方向与政策着力点结合不够密切，指标体系选择亦制约关于数字经济影响制造业转型升级的理论机制分析。本文在此基础上，以目前我国制造业高质量发展方向为导向，将制造业智能化、绿色化与服务化三个视角作为制造业转型升级的方向，并进一步探讨数字经济影响制造业转型升级三个细分方向的不同路径，对现有制造业转型升级理论做了一定补充。

从现实意义上来说，目前我国经济正处于由高速发展向高质量发展的重要阶段，面对世界经济环境不确定性、不稳定性的加剧，我国制造业迫切需要通过转型升级以突破"低端锁定"困境。数字经济为制造业实现转型升级提供了动力，由此制定数字经济促进制造业转型升级的有效对策，对于制造业实现高质量发展具有重要的现实意义。

第二节　制造业转型升级

从制造业高质量发展的角度出发来看，制造业转型升级从追求增加数量到追求提高质量。促进制造业高质量健康发展，要将提升供给体系品质当作主要着力方向，将技术创新当作关键驱动力，推动制造业同时实现质量、效率和动力的革新。

从制造业高质量发展的角度出发来看，制造业转型升级从追求增加数量到追求提高质量。促进制造业高质量健康发展，要将提升供给体系品质当作主要着力方向，将技术创新当作关键驱动力，推动制造业同时实现质量、效率和动力的革新。

一、制造业转型升级影响因素

影响制造业转型升级的因素很多，可大致分为经济因素和非经济因素两个角度。

（一）经济因素

当生产性服务业出现专业化集聚的现象时，所在地区以及周围区域的制造业结构也得到了升级，但是这一作用在中西部地区非常有限。

从财政支出规模和结构如何影响制造业结构优化这方面展开研究，结果显示，我国财政支出规模扩张能够显著地促进制造业结构实现优化。对外经济开放、金融规模和金融效率有利于制造业结构高度化和合理化。

（二）非经济因素

人力资本积累以及技术进步在一定程度上可以推动制造业升级，但是从整体上来说影响并不大，并且从东部向中、西部依次减少。虽然技术进步是制造业结构演变的关键驱动力，但是技术进步要发挥作用要受到多种条件的制约，例如创新结构和创新类型等。从投资挤出和挤入视角出发进行研究，结果表明，现阶段我国城镇化进程不利于制造业结构升级。

二、关于数字经济的研究

关于数字经济的研究，其界定范畴逐渐扩展。从初始较小的范畴，认为其是一个经济部门，或仅仅突出其技术属性，逐渐认识到数字经济具有大数据性、创新性和渗透性，并分别从微观、中观和宏观角度分析了数字经济的特征及其对经济高质量发展、制造业结构优化的推动作用。

在数字经济测算方面，不少国家已经展开研究，我国也取得一定进展。当前，测算数字经济的方法大致有三种：增加值测算法、指数编制法和卫星账户法，这三种方法各有其自身的优点和缺点。

增加值测算法相对来说核算难度较小，但因为迄今为止国际上对数字经济统计口径未达成共识，得出的结果不具有可比性；指数编制法可以同时衡量数字经济发展水平和其变化程度，但不能说明数字经济对国民经济增长的促进作用；卫星账户法较为全面，可以反映出数字经济与国民经济其他部门之间的交互机理，但其需要大量的统计数据作为支撑，编制难度较大。

目前关于制造业转型升级的内涵尚未达成一致，大致可从产业结构升级、全球产业链和制造业高质量发展的角度出发分为三类，与之相对应，衡量制造业转型升级的指标也可大致分为三类。其中，当从产业结构升级和全球产业链的角度出发时，多采用单一指标。从制造业高质量发展视角的研究，多从较为微观的角度构建细化的指标体系。由于细化指标体系构建具有较大的随意性，故各种指标体系之间可比性较小。缺乏从较为中观的视角建立制造业转型升级的指标体系。

第三节　　数字经济与技术创新

一、数字经济对于技术创新具有一定积极作用

数字经济可以带来巨大信息空间，形成开放创新生态圈，并开创便捷金融配置渠道，从而带来技术创新效应。在技术创新效应影响下，通过降低生产成本，增强协同效应促进制造业智能化；通过提升能源使用效率，同时提高能源消耗水平影响制造业绿色化；通过形成平台经济，加强长尾效应影响制造业服务化。

数字经济对技术创新的促进作用有以下几个实现路径：

（一）全球信息化促进数字经济的技术创新

数字经济形成了巨大的全球化信息空间。这在很大程度上打破了信息传递的时空限制，加快了信息及知识的传播、共享和利用，促进知识的扩散和渗透，产生了积极的知识溢出效应。知识资本是推动技术创新的智力资源，是技术创新的重要载体，数字技术使企业可以用更低的成

本获得信息和知识，也有利于企业筛选出更为有用和准确的知识消化吸收，从而积累知识存量；同时，数字经济还促进了信息和知识在企业内部的扩散，有利于知识更容易转换为创新成果。

（二）创新模式越来越丰富

数字经济形成了更加开放的创新生态圈。传统的研发模式是由企业内部的研发团队独立完成研发工作，而随着数字经济的发展，一些研发中间组织纷纷出现，以个人和小规模团体形式参与研发活动的主体以及"众创、众包、众扶"的创新模式也应运而生，这让能够参加创新活动的主体越来越多，创新的组织形式越来越多，创新的模式也越来越丰富。多样的创新主体和创新资源聚集碰撞，为技术创新准备了一定的条件。

（三）信息获取渠道更加透明

数字经济形成了更为便捷的金融配置渠道。数字经济产生大量信息并增加信息获取渠道，有利于提高市场透明度和降低信息不对称性。互联网金融等新型金融服务与传统金融服务相比，拥有更加便利的操作、更高的参与程度、更强的合作性以及更加低廉的中间成本，为制造企业解决融资难、融资贵的问题提供了便捷，从而顺利实现"平台+服务+资本+市场"的无缝对接。

二、技术创新反过来又影响制造业智能化

技术创新促使数字技术催生出以人工智能、区块链、云计算、大数据等为代表的新兴技术，加快了传统制造业迈向中高端制造业。数字经济带来的技术创新可从两个方面促进制造业的智能化转型：

第一，数字经济在信息传递方面具有优势，有利于减少产业链上下游企业的信息交流成本，从而使得销售和交易过程得到简化，促使企业

能够用低廉的成本获得原材料，然后通过加工，制作成工业品后出售给产业链的下游企业。同时，制造业企业还能够利用网络销售渠道售卖产品，在很大程度上减少了中间环节，使销售流程得到了简化，从而降低了交易成本。

在数字经济浪潮下，用工模式更加多元化和弹性化，有助于制造业企业降低用工成本。传统工业化时代，企业会直接雇用劳动力，这一形式较为僵化，不够灵活，在劳动力成本方面给企业带来了不小的压力，而数字技术有利于提高企业与劳动力之间的匹配效率，双方能够根据具体的工作内容建立灵活、弹性的雇用关系从而实现合作。通过这种方式，劳动者不再受制于传统组织的限制，企业则能够根据自身的需求招聘员工，降低用工成本。企业的生产成本下降，形成规模经济，进而拥有更多的资金投入产品的研发设计当中，从而促进制造业智能化转型。

第二，技术创新增强了协同经济效应，数字技术加快了生产协作，企业能够控制生产流程和合作企业的动态，并且能够根据生产情况和市场反应及时作出相应的调整，使得企业之间在价值创造上的协同性得到了提高。企业可以将整个工作项目进行拆分，对项目进行分包或是转包，把一些能够通过整个市场配合完成的项目放在互联网平台上，根据具体的项目内容，将工作不定向地委派给机构或者个人，通过这一方式，各个区域闲置不用的生产经营能力得到了有效调动，企业能够将资源投入核心业务上，尤其是新产品的研发设计上。

第四节　数字经济对制造产业融合的影响

一、数字经济为产业融合提供技术支持

产业融合多发生在高技术产业和传统产业之间。对于数字技术而言，其具有渗透性、带动性、倍增性、系统性和网络性的特性：

（1）渗透性指数字技术可以广泛应用，并且具有兼容性和扩充性。

（2）数字技术不仅可以带动数字经济基础产业内部，而且可以带动产业外部的发展；倍增性的特点使得数字经济基础产业以低成本扩张，快速开拓新业务和市场，从而加速产业融合。

（3）系统在数字技术中无处不在，如操作系统等，系统的存在让制造业的各个生产环节得以可视化。

（4）网络性指数字经济建立起了高信息传递效率、多参与主体很多和具有正外部性的网络化架构，给各类生产要素的流动提供了便捷环境，以上特性使数字经济为产业融合提供技术支持成为可能。

二、消费需求助力产业融合

一方面，我国制造业长期存在着大而不强的问题，目前仍旧处于全球价值链的中低端，面临的资源环境约束也日益突出，加之全球正处于经济周期下行和贸易摩擦加剧的宏观背景，我国制造业亟需转型升级。数字技术使制造业的生产方式发生变革，会使全球制造业的竞争格局被重新塑造。发达国家抓住机会，在发展数字技术方面进行了战略部署，我国也应该抓住数字技术发展带来的机会，促进制造业实现转型升级。

另一方面，在数字经济时代，消费者作为一种新型资产被充分激活，

消费者的地位和作用变得越来越重要，基于用户价值的商业规律逐渐形成。消费者脱离物理环境带来的限制，可以从各种来源获得即时市场信息，深度参与生产过程，甚至可以参与产品生产的每一个环节，来获取使自己满意的产品和服务，消费者参与生产活动的热情得到提高，从需求端倒逼生产活动改变。

制造业需要以用户价值为主导，通过数字技术和生产环节的融合，及时捕捉消费者的需求并做出实时响应，持续向消费者输出价值，获得消费者认可，从而实现转型升级。

三、产业融合有助于经济的绿色发展

数字技术有助于企业实现对物料投放、产品生产以及销售的精细化管理，可以监控各个生产环节，提高制造业生产设备的数字控制程度以及生产方法和环节的科学化程度，消除了生产过程的冗余和浪费。同时，可以实时监控各个环节能源消耗情况，实现集中式能源供给和分布式能源消费的有效匹配，减少产品生产过程中的能源浪费，降低单位产品的能源消耗，同时还可以减少排放强度。

四、产业融合满足消费者需求

产业融合也可通过提高资源配置效率来促进制造业服务化转型，数字技术有助于企业整合制造资源实现资源优化配置，搭建模块化和柔性化生产系统：

（1）产品的模块化构成来自两部分，一部分是产品的共性，另一部分是产品的个性定制，企业可将共同部分先进行组装，之后再根据消费者的定制要求进行组装。

（2）柔性化指企业可以根据获取的实时市场信息配置生产要素，合

理安排生产计划，灵活分配生产能力，加快生产要素流动。

　　模块化、柔性化的生产使得企业可以更加灵活地满足消费者的需求，生产模式由传统的大规模生产转向定制生产。

第六章 我国数字经济发展水平分析

第一节 我国整体数字经济发展水平

一、我国数字经济的发展

全国整体数字经济发展水平稳步增长，东部、中部和西部数字经济发展水平和全国整体保持一致，也呈现出稳步推进的态势。从横向来看，数字经济发展水平东部地区最高，西部地区次之，最后是中部地区；从省际角度来看，北京、上海、广东和浙江等经济强省（市、直辖市）在数字经济整体发展水平和多个维度成绩都很优秀，但是各地区在三个维度和数字经济整体发展水平的排名可能并不完全吻合，有些地区大力发展数字经济基础设施，有些省份则将主要精力放在数字经济产业的布局上。

二、我国整体数字经济发展水平分析

首先，全国制造业转型升级整体发展水平、智能化和服务化水平持续提高，绿色化水平则表现出下降的态势。

其次，从横向比较来看，东部地区在制造业转型升级整体发展水平和三个构成维度上都处于领先地位，其次是中部地区，西部地区表现欠佳，还有很大的提升空间。

最后，从省际角度来看，北京、上海、广州、天津、江苏在制造业转型升级整体发展水平、智能化和绿色化都取得了很好的成绩，并且北京和上海在服务化维度也表现亮眼。

三、我国整体经济发展水平特点

第一，我国数字经济发展水平表现出稳步上升的态势，发展势头良好，说明我国在新一轮技术革命中抓住了大力发展数字经济的机会；但是我国数字经济发展水平存在着明显区域异质性，其中东部地区一直居于前列，西部地区次之，中部地区发展欠佳；分省来看，进一步可以看到各个省份的数字经济发展水平均呈现出增长的态势，但是差距很大。同时，各省份在数字基础设施、产业发展和应用程度三个维度和数字经济整体发展水平的排名并不完全一致，表明要在数字经济发展方面取得良好成绩，必须在多个维度进行合理布局。

第二，我国制造业转型升级整体水平、智能化水平都表现出稳步上升的趋势，绿色化水平则表现出下降的走向，从 2017 年开始，下降的速度开始减慢，服务化水平则呈现出上升、下降随后上升的特征；分区域来看，东、中、西三大地区在转型升级整体水平、智能化水平和绿色化的水平的表现和全国保持一致，在服务化水平上，只有西部地区和全国整体水平的表现较为一致，东部地区和中部地区则始终表现出逐渐上升的态势；分省份来看，制造业整体转型升级水平和各个维度排名靠前的基本都是经济强省，排名靠后的省份同时经济表现也欠佳。

第三，数字经济的发展对制造业智能化和服务化有正向促进作用，对制造业绿色化则表现出负向的抑制作用。此外，政府参与程度对制造业智能化和绿色化产生了负向作用，对服务化产生了正向作用，金融发展水平对制造业智能化产生了正向作用，而人力资本则对智能化产生了负向作用，外商直接投资对绿色化产生了正向作用。

第二节　政策建议

结合我国目前的数字经济发展情况可以从以下三个方面给出建议：

一、改善能耗问题，推动产业绿色发展

首先，政府可以通过税收激励、财政资金补贴以及与社会资本合作等方式鼓励企业研发和生产能耗低、可以长期使用并且易于更新换代的数字硬件和设备。

其次，对我国现阶段能源使用结构进行优化，在生产过程中提高可再生能源的应用比重。目前，在我国可以用来发电的能源结构中，可再生能源所占比重仍然处于较低的水平，未来还有很大的发展潜力。对于以石化能源为核心的发电现状，政府部门应该激励和倡导发展以水能、风能等可再生能源为主要驱动力的发电技术与模式。

最后，鼓励发展市场化的能源价格机制。当前部分石化燃料能源价格偏低是能源消费居高不下的重要原因之一，数字经济的发展使能源结构中电力消费占比逐步提升，因此要降低能源投资领域的市场准入门槛，行政能源供应的多元化主体和供给方式。

二、加大基础设施建设，充分利用互联网资源

（一）加大数字基础设施建设力度

具体来说，要出台促进 5G 商用的相关政策规定，提高 5G 网络基础设施的覆盖范围和应用水平，在发展 5G 的同时，要紧跟国际科技发展

潮流，关注国际科技发展前沿水平，加大 6G 技术研发支持力度，储集第六代移动网络技术，同时也要重视空间信息基础设施的建设，加速布局卫星通信网，推动卫星互联网建设。

（二）加快推动数字产业发展

提高核心产业竞争力，促进信息技术软硬件产品向产业化和规模化的方向发展，提高关键软件技术的研发创新和供应能力；深化新一代信息技术的创新能力并提高融合应用水平，大力培育新兴数字产业。

（三）加速提高数字经济应用程度

从产业角度来说，通过互联网等新技术从多个方面和各个生产环节对传统产业进行改进，提高产业互联网的融通水平和应用程度，利用网络化协同的方式来培育个性化定制的新生产模式；从企业角度来说，引导企业强化数字化思维，提高员工数字素养，全面系统促进企业研发、生产、经营、销售等业务转型，促进企业充分利用互联网资源进行发展。

三、强化数字经济的发展优势，培养人才，缩小差距

我国数字经济发展水平以及数字经济对制造业智能化、绿色化和服务化的影响目前存在明显的区域异质性，这就要求各地区应该具体情况具体分析，根据地区特点制定相关发展战略。

对于东部地区而言，应该强化数字经济的发展优势，继续发挥好建设数字经济的示范带头作用。具体来说，东部地区应该发挥创新、产业、区位、资源等方面的优势，加快引进数字人才、技术等关键生产要素，形成发展数字经济的有效模式，带动全国数字经济的发展。

对于中部地区而言，应该充分发挥数字经济对产业链和供应链的提升作用，进一步巩固中部地区"四基地一枢纽"的重要地位。具体来

说，应该加快数字技术在各领域的应用，提高对产业链和供应链的控制能力。

对于西部地区而言，应该加强数字基础设施建设，建立完善的数字经济规划和政策体系。具体来说，西部地区因为经济发展水平较低，现阶段数字基础设施建设程度还有待提高，应该同时加大对传统以及新型数字基础设施的投入。此外，西部地区应该着力建设数字化人才培训平台和基地，培养具备数字化能力的各类专业人才。

第七章　数字经济增长路径

随着 5G 网络、人工智能、物联网等数字技术的发展，以智能化、网络化、数字化为核心的新一轮科技革命浪潮正席卷世界，全球进入了数字经济时代。在数字经济的催化下，新业态、新模式和新产业层出不穷，为经济增长提供新空间注入了新动能。

我国正处于高速增长转向高质量发展阶段，是转换增长动能、优化产业结构、转变经济增长方式的关键期。我国经济增长面临着新的问题与挑战，站在数字经济时代与我国加快转变经济增长方式、推动经济高质量发展的历史交汇期，"理顺经济发展内在逻辑和把握经济增长关键抓手"是我国在经济发展新时期的必答题。

目前，以人工智能、量子信息、物联网、区块链等为代表的新一代信息技术不断创新升级，在变革社会生产方式、创造人类生活新空间方面释放出越来越大的能量。新一代信息技术推动了数字经济在全球范围内的兴起与发展，带来了产业技术路线革命性变化和商业模式突破性创新，在蕴含着机遇的同时也充满了挑战，如何发挥比较优势，找准经济发展的着力点与突破点至关重要。

第一节　新型基础设施与数字经济转型

一、新型基础设施

在传统基础设施建设年代，生产要素主要在"路"上流动，包括公路、铁路、水路、航路等。未来，生产要素尤其是数据要素将主要在"网"上流动，包括物联网、互联网等。在新一代网络平台上，数据流引领技术流、物质流、资金流、人才流，数字化推动智能化。海量数据、多种资源集聚网络，并通过智能机器与智慧大脑完成网络互动，拓宽了发展的空间，创造了众多的商机，大大地提升了资源配置效率。

在数字经济背景下，新型数字基础设施成为数字经济的主要载体，是推动全要素数字化转型、实现生产率大幅提升的有力支撑。

新型数字基础设施是指与数据的感知、采集、传输、存储、计算以及应用相关的软件、硬件、技术、平台等，既涵盖了数据库、传感器、5G 网络、固定宽带等，也包括利用边缘计算、物联网、区块链、人工智能等新一代信息技术，对能源、市政、交通等传统基础设施进行网络化、数字化、智能化改造升级。

与前几次科技革命相比，新一轮科技革命的要义在于不再代表任何单一技术，而是代表一系列技术的融合发展趋势。多种技术的交叉将带来"核聚变"，对未来社会带来多维辐射。这些技术相互融合、相互促进，带来产品创新与服务提升，催生出众多新产业、新模式和新业态，并必将对人类的生产生活产生影响。

新一轮科技革命直接作用于经济的有力载体就是新型数字基础设施，新型数字基础设施的建设与应用，催生了智能化网络化数字化的应用场景，使万物相互联走进现实。可以说，新型数字基础设施是新一轮科技革命的基础设施，是数字时代的基础设施，是基础设施领域的数字革命。

新型数字基础设施无论在社会效益抑或生产供给方面，都较传统基础设施有了质的突破。新型数字基础设施与数字经济相伴相生，是数字经济的重要载体，也是新一轮科技革命的主要标志。

随着新型数字基础设施的投入建设及应用，推动经济发展的生产要素及生产方式将发生翻天覆地的变化。数字经济尚在发展的初期阶段，新型数字基础设施的建设与应用尚未完全推广与普及，虽然其对国际竞争格局、经济增长方式的影响我们可以预期，但其产生影响的广度与深度、内容与方式还不明确。要想在数字经济抢占发展的制高点，在新型数字基础设施领域争夺发展的高地，就必须深入了解其对经济增长要素、增长方式、增长路径所产生的影响，对于新型数字基础设施如何作用于经济社会发展具有清晰的认识。因此，在数字经济的大背景下，基于新型数字基础设施的建设与应用，研究影响经济增长路径转型的机制与方式是现阶段亟需解决的关键议题。

二、数字经济转型时期存在的问题

从工业经济进入新经济时代，以数字化为重要途径，数字经济推动新的生产方式、产业形态、商业模式不断生成，促进着各行各业深度融合的持续加速。在消费互联网阶段，数据作为重要的商业模式创新来源，应用领域主要集中在生活、消费和政务等方面，对生产的作用有限。但随着5G的普及和应用，目前已进入产业互联网阶段，一个重要特征就是数据渗入生产生活的各个方面。作为一个新的生产要素，数据极大地提升了生产力，成为当前经济增长路径转型的主要动力。但路径转型的机制是什么、作用有多大、如何衡量等，目前还没有一个系统的论证。

历史经验不断证明了历次重大技术变革都会引发社会经济生产方式的重大变革，如蒸汽机和各类生产机器的出现改变了传统以人力为主要动力来源的生产方式，电力技术的出现则加强了这一趋势。再如：伴随着互联网技术的出现，人和人之间的关系更加紧密，也使得企业间的竞争合作更加频繁。

第二节　经济增长路径

一、转变发展方式，改善经济结构失衡

从经济高速发展阶段转向经济高质量发展阶段过程中，转变经济增长方式有利于改善经济结构失衡问题，推动经济质量提高，促进经济长期可持续发展。

从经济增长方式与全要素生产率之间的逻辑关系可以发现人力资本层次和财政支出规模与全要素生产率成正比关系，因此有利于促进经济增长方式升级。国家支持力度提升才能促进我国经济增长质量的提升。由此可见，随着可持续发展和环境友好型经济发展模式的推进，除了借助提升全要素生产率提高经济增长效率外，环境规制优化也是研究经济发展方式的重要内容。

二、优化经济结构

经济结构是指经济体中各要素特性、结合情况和比例关系，包括产业结构、消费结构、技术结构等，通常侧重于产业结构，以产业结构升级为中心的经济结构优化是经济高质量发展的必然要求。

三、增长转换动力

经济保持长期较高的增长速度离不开创新驱动,创新驱动不仅能够促进技术革新,生成新的生产要素,降低资源与环境成本,还能帮助产业结构优化升级,突破边际报酬递减,是激活经济高质量发展的第一动力。

加强技术创新投入,以创新为驱动力是转向经济高质量发展的关键;以创新为核心转变新旧动能,培育经济高质量发展的绿色动力。此外,在供给侧结构性改革中科技创新对我国产业结构调整表现出强大的驱动力量,其促进产业转型与结构升级的动态演变机理主要包括两个方面:

一是,通过突破性创新甚至颠覆性创新催生出新的产品和服务。

二是,通过渐进型创新掌握核心技术研发等高附加值环节实现新旧动能转换。

大数据技术给经济增长带来了信息化与工业化的融合、产业融合和技术创新三大变革,增强了科技创新与产业集合对经济增长的推动作用。由此可见,历次重大技术变革不断引发经济增长动力升级,新一轮科技革命蓄势待发,数字技术将成为新的动力来源,是研究经济增长动力的重要内容。

数字技术是颠覆性技术,同时也是创新型动力的规模化产业投入,创新性数字技术可以改变供给侧与需求侧两端。从供给侧看,可以催生技术变革与进步,使生产过程中的技术要素不断增加,创新要素的投入替代了原有的资源投入与低成本劳动力投入,使生产效率不断提高。

创新驱动经济发展不仅能使传统的生产方式突破发展瓶颈,还会变革生产制造模式和组织形态,率先布局新科技新产业的生产部门,可以比同行业的其他组织收获更高的生产效率、投入更少的人力成本、占据更大的市场份额，产业规范化与集聚化优势也更加明显。

从需求侧看，以数字经济与信息技术为主要组成部门的产业变革具有高度融合性和渗透性，可以有效地加速产业融合，更快地渗透于传统制造行业，在改造升级传统制造行业的同时，催生出新业态与新动能。

数字技术使得生产要素不断优化更新，成为经济转型升级的重要驱动力；新型数字基础设施将催生出新业态，促进产业转型升级；创新驱动发展，加快新旧动能转换效率，为经济增长提供强大动力。因此，要大力突破核心数字技术、加快数字技术的协同融合与产业化进程。

第三节　研究数字经济增长路径的意义

历次科技和产业革命都对经济增长方式产生了深远影响。前三次工业革命均离不开科技进步的催化和助推，每一次工业革命都带来了新生产方式，催生出了新产业结构，促进了新旧动能转化。

我国数字经济已由生活领域向生产领域延伸，融合发展催生出一系列新产业新业态新模式，成为重要的经济增长点。主要表现为：新型数字基础设施构筑数字经济新结构性力量、信息要素激发产业发展新动能、智能制造延伸产业价值链条、组织结构再造创新增值模式、信息化拓展全球产业新格局。

因此，对数字经济背景下经济增长的路径转型开展研究，有利于更好地理解科技革命对经济发展的影响，抓住路径转型历史机遇；有利于系统了解数字经济的作用机理，明确路径转型关键抓手；有助于为数字经济研究提供有效的方法，丰富学术研究手段。

一、有利于抓住机遇，实现经济腾飞

从历次科技革命的产生与发展可以看出，每一次科技革命对世界经济格局和经济增长新旧动能转换起着关键性的影响。历史表明，每次科技革命与产业革命都会对世界创新版图、经济政治格局、国际话语权等产生影响。因此，面向新一轮科技革命，我国若能抓住机遇乘势而上，完成以数字技术为主导的产业变革，有效应对数字转型中的问题与挑战，将有望实现从追赶者到引领者的历史性跨域。观察前三次科技革命的结果，从英国到德国，再到现在的美国，未来我国能否在世界经济格局中占据更为重要的地位，在第四次科技革命中如何应对至关重要。

现阶段，我国在新一轮科技革命中的某些领域处于世界领跑地位，在部分关键领域也能与世界发达国家实现并跑的状态，因此要充分利用现阶段的窗口期，积极抢占新一轮科技革命的发展先机。作为本轮科技革命产物的数字经济，系统研究其发展规律，尤其是数字经济对经济增长方式的颠覆性影响；通过积极参与新一轮科技革命，在影响经济发展的关键领域积极领跑或并跑，是我国突破经济发展新常态瓶颈、顺利完成新旧动能转换、实现高质量发展的重要途径。

二、有利于丰富数字经济方面的研究

数字经济的发展离不开新型数字基础设施的支撑，在数据要素的强大赋能作用下，经济增长增加了强劲的新动力。但正是由于发展迅速，各方面的配套研究未成体系，统计口径未标准化统一化，统计数据缺失，研究方法和模型尚不成熟，对数字经济运行路径的研究还在摸索阶段。

因此，本文一方面梳理了数字经济和经济增长理论，夯实研究基础，另一方面构建多维模型，从传统经济和数字经济稳态对比、新旧动能与经济增长动态联系对比到数字经济运行机理，再到数字经济与经济增长总量、活力和效率的联系，先分后总层层深入，最后聚焦于数字经济背景下经济增长的路径转型分析，既给出了初步的研究思路，也构建了多个相关的数学模型，不仅丰富了学术研究内容，也有利于厘清数字经济背景下加快我国经济增长转型的有效路径。

三、有利于把握好数字时代的发展方向

以 5G、千兆光网、工业互联网、人工智能、区块链、物联网等为代表的新型数字基础设施近年来受到广泛关注，新型数字基础设施的提出，既是积极应对当前经济增长新变化和国际竞争新形势等挑战的战略举措，更是我国抓住新旧动能转换、产业转型升级和国际格局重塑等机遇的国家战略。

把握好数字时代未来发展的方向，就需要对新型数字基础设施有一个清晰的认知。这需要明确数字经济和传统经济运行的异同之处，分析新旧动能与经济增长的动态关系与差别，把握数字经济本身的运行特征，梳理不同的数字技术与不同的使用对象间的复杂关系和投入产出效应。数字技术与新型数字基础设施的结合是数字经济的底座与内核，是推动经济增长路径转型的内在动力，也是本文研究路径转型的关键抓手。

第四节　　数字经济呈稳态发展的原因

基于历次科技革命的经验可以看到：任何一轮大规模科技革命的发生均会使得整个经济系统的生产方式发生巨大变革，经济系统的稳定性将很大程度地影响到经济增长结果。为了对比传统经济和数字经济的经

济系统稳态，本章基于新古典增长理论，改进了通用的索洛—斯旺模型①，发现数字经济背景下，在生产过程中引进一系列新技术能够有效提高经济系统的稳态水平；而更高的稳态水平，意味着在不存在任何外生影响因素时，经济系统的总产出有着更高的发展终点。

一、传统生产要素与数据要素

对于劳动要素而言，传统生产方式中劳动力大多以体力劳动的形式参与生产，劳动要素的投入量直接取决于劳动者的基本体力；但在产业升级的过程中，中国大批企业向高技术生产方式转型，劳动者的脑力参与生产的比重日益提高。与体力因素不同的是，不同的劳动力个体掌握的知识水平差异极大，且难以直接衡量，采用传统的方法将所有企业生产的参与者归拢为单一的劳动要素存在一定的不合理性。

在经济生产过程中，数据要素可以与大数据、云计算、人工智能等多种产业结合，能够从多个方向全面的实现企业生产能力的提升。

一方面，充足的数据能够帮助企业实现生产资源和客户群体的精准定位，大幅节省了企业的经营成本。

另一方面，能够帮助企业更加合理地利用企业的生产资源，在不提高生产成本的前提下，提高企业的产出水平。

二、数据要素两个明显的优势

第一，数据要素不会随着时间的推移发生损耗。作为一种虚拟资源，只要管理得当，数据要素可以仅依靠少量成本的硬件更新进行长期保存，几乎不会出现任何损耗。

---

① 索洛经济增长模型：是罗伯特索洛所提出的发展经济学中著名的模型，又称作新古典经济增长模型、外生经济增长模型，是在新古典经济学框架内的经济增长模型。

第二，常规的生产要素普遍存在边际收益递减的情况，在其他生产要素投入总量不变的情况下，随着单一要素投入水平的增加，额外总产出将逐渐减少。但是对于数据要素而言，企业拥有的数据存量的增加可以让企业对经济市场的认识更加准确，使得数据要素促进生产的作用更加突出。同时，不同类型数据的协调使用也有可能迸发出新的成果，创造出大量的新型产品和额外产值。数据要素具有明显的规模经济性。

由此可见，在数字经济背景下，数据要素对于企业生产的意义十分重大，且数据要素作用于生产的方式与传统生产要素截然不同。将数据要素引入社会生产模型是十分必要的。

在大多数经济生产模型中，决定经济体总产出的因素包含两个部分，一是全要素生产率水平，二是生产要素投入水平。前者往往决定了一个经济体长期的增长水平，但由于其包含技术水平、管理能力等多种因素，难以直接通过经济政策获得快速提升。

反之，生产要素投入水平的提升，可以直接、快速地提升一个经济体的总产出水平，是实现我国经济快速增长的直接手段。然而，生产要素又存在多种形式，大体可划分为资产和劳动两种类别。其中，劳动要素的投入在很大程度上取决于当地的人口数，劳动要素投入量的增长直接取决于一个地区人口的自然增长率，这一变量很难通过一般的经济政策加以控制。因此，要实现要素投入增长，大多数国家和地区的政府通常采取提高资本投入的方式，如引进外资等。

我国改革开放以来取得的重大经济增长成就正是来源这一点。然而，依靠资本要素投入量的增加促进经济增长，毕竟要陷入的一个困境，即资本存量水平越高，每一个时期内资本的折旧量越高；当新增的资本投入不足以弥补资本存量的折旧时，资本存量水平无法再进一步提升。因此，当新增资本投入与资本折旧取得均衡时，经济系统达到了新古典主义经济增长模型的稳态水平。这意味着，当经济体处于经济增长的稳态水平时，新增资本投入仅能用于抵消资本折旧而不能为经济增长做出任何贡献，依靠资本投入增加提高经济体总产出水平的方法不再有效。

通常情况下，经济系统的稳态水平会随着全要素生产率水平的变化平稳移动，但这一现象的前提在于经济体的生产方式没有发生重大变革。在数字经济的背景下，数据作为一种新的要素引入生产，大幅变更了经济系统稳态水平的变化规律。

经济系统的稳态水平代表着一个经济系统自然发展的方向。这就意味着在数字经济的背景下，随着大量企业生产方式的转型，经济系统获得了一个更高的稳态水平；这使得经济系统在短期内有了一个更高水平的自然发展方向。在一定时期内，经济系统将快速向新的稳态水平演化，在一定时期内获得较高的经济增长率。

第五节　数字技术应用科技创新能力

2019年，我国正式进入了 5G 商用时代。数字经济在我国逐渐生根开花，新旧模式、新旧业态、新旧技术、新旧能源相互替代正在悄无声息地进行，这些新生高效能替代落后旧产能并形成全新业态的成果，正是我国经济增长的新动能。因此，立足于新的时代背景，十分有必要对我国数字经济下的经济增长新动能进行分析。

科技创新是数字经济的应有之义。数字经济的发展离不开科技创新，只有提升科技创新能力、掌握关键核心技术，才能带来革命性突破并成为数字经济的引领者。面向数字经济时代调整产业结构的必然性，科技创新是产业链现代化能力提升的源头；面向数字经济时代切换发展动力的迫切性，科技创新是新时代催生新发展动能的关键。

　　科技创新的成果落地将会给人民生活和经济社会发展带来切实的改变，基础设施建设是国民经济的战略性、先导性、基础性内容，是国民经济投资中的重大组成部分，也是最直接、最广泛应用数字经济成果的重要领域。

　　基础设施建设具有投入大、普惠强等特征，在数字经济背景下，基础设施建设更是实现了技术进步与重大社会投资的结合，形成了以连接、计算、交互和安全为核心的新型数字基础设施建设。新型数字基础设施建设有利于释放数字经济红利，能够为经济增长提供重要的物质基础，保障着交通、环境、通信等多方面服务，是经济发展的重要先决条件。因此，面向数字经济时代，本研究进一步从科技创新能力和新型数字基础设施建设能力两方面分析当前经济增长新动能，为后续研究提供现实基础。

　　数字经济发展过程中，众多新技术、新模式、新应用场景不断涌现，固定宽带网络也在向着新一代固定宽带网络演进，能提供大带宽、低时延、高可靠的网络入口和高速管道，是信息通信网络的"传导神经"。固定宽带网络是通过光纤、网线、电话线等有线介质提供网络接入、信息传递与信息承载的通信网络，当前我国固定宽带已全面进入"千兆时代"和"光网时代"，光接入与光传送网络从 F1G（第一代固网）技术时代发展进入 F5G（第五代固网）技术时代。

第八章 产业结构优化升级

第一节 产业结构优化升级影响因素与研究不足之处

产业结构优化升级是产业结构合理化和高级化的统一，是国民经济工业化和现代化的过程。

一、影响因素

通过查阅大量文献资料，我们发现对产业结构优化升级影响因素主要分为人力资本、资本深化、技术创新、金融深化、外商直接投资与政府政策六个方面：

（一）人力资本

人力资本的外溢性能有效提升区域的技术水平，从而间接对该区域产业结构产生调整作用。伴随着我国人力资本的提升与结构优化，我国产业结构转型速度也在提升。但我国人力资本分布结构不利于全国整体产业结构优化。

（二）资本深化

当资本深化发生时，资本要素和劳动要素相对价格的变动会影响产出的相对价格，最终会导致服务业相对比重的上升，第二产业的比重下降。资本深化是近年来促进我国产业结构高级化的一个重要因素。资本生产要素的使用与累积能带来资本深化，在产业间资本深化能够提高产业结构水平。

（三）技术创新

科技创新能够通过改变生产投入结构、影响需求结构、提高生产率等因素促进产业结构优化升级。但也有学者认为，产业结构优化升级在短期受到创新的驱动作用较强，但在长期这种作用呈现边际递减的趋势。企业创新的效率会随着产业集聚得到增强，特别是对高新技术产业来说，这种效应更加显著。因此政府需要创造良好的创新环境来促进企业之间集聚，进一步推进产业结构优化。

（四）金融深化

金融深化水平、金融结构优化对产业结构优化升级有正向的影响，并且这种关系对经济发展有重要影响。金融发展能够提高技术创新的水平，以及优化技术创新的结构，进而有利于产业结构的调整。有学者从直接融资市场和间接融资市场对这种效应进行分析：发达的股市、债市等直接融资金融市场更能促进新兴产业的发展；而银行等金融中介则更能促进传统成熟产业的发展。

（五）外贸直接投资

外汇缺口与储蓄缺口统称为"双缺口"，这两种缺口在发展中国家是普遍存在的，FDI为被投资国带来的先进的生产力，不但可以有效的弥补"双缺口"，还能够提升被投资国的产业结构水平。

（六）政府政策

很多学者从财税政策的角度讨论政府行为与产业结构优化升级：针对高新技术产业的扶持政策一般可以分为财政激励与税收优惠两种，财政激励更能提升产业的产量，税收优惠结构优化效应更强。通过调整产业间财政支出结构能够有效影响产业，促使产业结构趋向高度化。

经过研究发现，数字经济、市场行为与市场绩效之间是相互作用的，并且这种作用是积极的，这是实现产业结构优化升级的动力之一。另外，数字经济可以提升政府治理水平，对公共部门职能进行优化，进而对产业结构水平产生提升的作用。

产业结构的转型升级与互联网的高速发展之间存在因果性，互联网金融有效地降低了融资成本，从而驱动企业转型。改变消费结构、促使消费升级，帮助产业之间实现协调发展。

数字经济也能通过产业融合的方式促进产业结构优化升级，融合能够缩减第一产业的产值占比，促使第一产业向第二或第三产业转移。产业融合对产业结构调整有促进作用，且表现出显著的空间相关性，这种空间集聚特征在东部地区表现最强。

二、研究不足

目前，学术界在数字经济与产业结构优化升级领域的研究仍有些许不足，与现有文献相比，本文的主要贡献体现在以下几个方面：

（1）在对产业结构优化升级的研究中，以数字经济作为切入点的本就不多，现存相关领域的文献大多也是从互联网、数字金融等视角展开研究，但这些都属于数字经济中的一个方面，缺少将数字经济整体作为影响因素的研究。

（2）许多文献认为：数字经济技术可以通过提高劳动生产率、促进消费等渠道推动产业结构优化升级，但总体来说进行的讨论仍然有限且缺少一定的实证研究。

（3）目前，大多数研究集中在省级以及行业层面，缺少了城市层面产业结构的研究。

（4）目前，较少有学者研究关注空间因素对数字经济与产业结构优化升级的影响，更少有学者运用空间计量模型探究数字经济对产业结构优化升级的空间溢出效应。

第二节　数字经济对产业结构升级的影响

我国经济处于由大向强转型的关键时期，并且面临着许多难题，国际环境日趋复杂，我国经济增长率放缓，加之新冠疫情对经济带来的冲击导致不确定性增加，这就要求尽快完成产业结构优化升级。数字经济作为一种新兴业态，以数字技术为基础，以数据要素为主要生产要素，具有覆盖面广、创新性强、边际效益递增、渗透性强的特征，能够有效地改造传统产业、孵化新兴产业，能对我国的产业链条、产业效益、产品体系与生产质量进行全面优化改造。

于是，在产业结构优化升级的过程中，探索数字经济发挥的作用与途径对构筑国家竞争发展的优势、建设现代化经济体系与新发展格局具有重要的意义。

我国产业还面临诸多问题：

首先，我国的第一产业存在相关基础设施薄弱、农业经营主体小且分散、规模化程度偏低、劳动力素质偏低、相关技术落后、机械化水平低等问题，而且随着城市化的发展农业生产面临的资源约束问题日益凸显。

其次，虽然我国第二产业体量大，拥有全球最大规模的制造业，而这种规模很大程度上依靠我国的资源与人口红利，存在核心技术依赖外部、工业产品附加值不高、自主创新能力弱等问题，并且中高端产品供给不足。伴随着我国劳动力成本的提高，低端制造业开始外流，而我国在中高端生产的转型又频繁遭遇发达国家的阻挠。

最后，尽管我国第三产业规模逐渐增加，但一方面，我国产业结构水平与发达国家还存在不小的差距；另一方面，我国围绕生产部门提供的服务不足，缺少生产性服务业。从产业结构整体上来说，尽管依照发达国家的经验，随着经济的发展第三产业产值占比应该不断增大，但这种格局的转型仍然要遵从发展规律，库兹涅茨的产业结构演变理论告诉我们，生产要素从第二产业流向第三产业需要在第二产业发展成熟的前提下，然而我国第二产业仍存在较大的发展空间，而近年来劳动生产要素表现为从第二产业流出，这种"逆库兹涅茨"式的生产要素流动可能不利于我国产业结构优化升级。

此外，在过去的发展中，由于区域竞争，虽然在一定程度上刺激了我国经济发展，但这也产生一定的产业同质化现象，不利于地方发挥自身资源禀赋优势以及全域生产要素有效配置。

第三节 研究产业结构优化升级的现实意义

首先，研究产业结构升级是应对经济新常态的需要。随着经济增速的放缓，我国需要提高发展质量，进而需要转变生产方式；转换经济动能，促使我国产业逐步从低级形态过渡为高级形态。

其次，产业结构优化升级是应对当今经济形势变化，构建"双循环"新发展格局的需要。近年来，我国的发展受到了一定的挑战：一方面，我国人口老龄化问题加剧，劳动力成本上升，不少低端制造业向印度、印尼、越南等国家转移，"世界工厂"这一旧的发展方式难以为继；另一方面，受疫情影响，国际上各国经济均遭受到了冲击，间接冲击了我国的出口导向型行业，而我国要实现产业链升级，达成高新技术自主可控又遭到某些发达国家的阻挠。

在这种背景下，中国不但需要发展国内大市场，更需要降低对国外技术、市场、供应链的依赖程度，形成自主可控的高新产业体系，保证我国产业链、供应链安全。

最后，研究产业结构优化升级是突破国内资源能源瓶颈约束的需要。我国过去的产业大多是资源依赖型产业，具有高耗能、高排放的特点，而我国历年的建设中也大多是"大量建设、大量耗材、大量排放"的模式，另外，我国人均资源拥有量低于世界平均水平。

第三次科技革命以来，数字经济方兴未艾，为我国产业结构调整带来了新的机遇，本文研究数字经济对我国产业结构的影响，有助于我国找到新的增长动能，构建自主可控的高新产业体系，转变旧的发展方式，应对经济新常态，因此具有一定的现实意义。

数字产业化可理解为信息产业内部的纵深发展，涉及电信业、电子信息制造业、互联网行业、软件和信息技术服务业等。产业数字化是指将数字技术应用于传统产业而带来的效率提升和产出的增加。

第四节　数字经济对产业升级的有利影响

一、促进产业结构升级

（一）提供技术支持

随着信息技术集群与数据存储、传输和处理能力的快速迭代与创新，数据作为一种新的生产要素能够运用到生产的各个环节中去，数字技术也能为生产的各个环节赋能，即在研发、生产、经营与销售等各个环节都能得到数字经济的支持。在研发环节，数字技术在研发部门中的广泛应用使得研发方式发生了变化，数据生产要素的应用避免了低效的研发投入，研发主体享受到了高效的服务，推动了思维的碰撞，提高了研发的效率。

在生产环节，数字经济能够赋予产业智能化与数字化发展，提高生产产品的精准度与生产工作的效率，避免资源的无效投入，从而使产品的附加值得到提升，由低质量向高质量转变。对数据生产要素来说，经济主体的一切活动都能被数字化，从而转变成数据资源，即数据资源与具有竞用性的传统生产要素不同，具有无限增长、可复制、可共享的特点。而对数字技术来说，根据"摩尔定律"①，数字技术也有突破线性约束的特征。因此对于经营销售环节来说，应用数字技术与使用数据资源的成本也会下降，这会进一步降低企业的经营成本，提高销售量。

另外，数字经济能够避免无效沟通，数字经济具备网络效应。随着用户数的不断增长，平台建设的完善，数据生产要素利用效率会得到指数级的增长，供求匹配效率不断提高，从而实现更好的销售。数字经济在现有的资源条件下，不但提高了产业的生产效率，推进产业的高级化，还能够合理利用资源，充分有效的利用生产要素，使得产业之间协调发展。

（二）改善消费需求

在"双循环"的新发展格局下，数字经济的快速发展不仅可以促进国内市场循环体系的形成，还能够推动需求侧消费需求和投资需求的变

---

① 摩尔定律：英特尔创始人之一戈登·摩尔的经验之谈，其核心内容为：集成电路上可以容纳的晶体管数目在大约每经过18个月到24个月便会增加一倍。换言之，处理器的性能大约每两年翻一倍，同时价格下降为之前的一半。

化，为产业结构优化升级提供支撑。

第一，数字经济的发展可以改变消费者的行为方式：一方面，数字技术的嵌入可以更好地帮助经营者把握消费者的心理需求，生产者或经营者能够及时收集到消费者的信息反馈，相应地将这些反馈应用到产品质量改进上；另一方面，立足于大数据和云计算技术还能够帮助经营者判断消费者的消费习惯，从而有针对性地为顾客提供产品或服务，做到可以满足消费者独一无二的需求，创造出更多的消费需求。

第二，数字经济发展会影响投资需求。数字技术的发展提升了投资的便利化和自由化水平，也提升了投资的安全性，扩大了投资领域。当实体经济和平台经济不断融合，投资的需求结构会发生较大变化，在这个过程中，数字经济通过提升资源匹配的效率促进产业结构的升级。无论是消费的"倒逼"作用还是投资的刺激效用，都能促进产业结构水平高级化与产业间协调发展。

（三）促进产业融合

产业融合是产业演进中的一个重要裂变过程，技术进步是产业融合的内在原因，放松管制为产业融合提供了外部条件。数字经济具备渗透性强、覆盖面广的特点，数字技术可以应用于各行各业，数据要素与其他生产要素紧密结合，数字经济不但本身可以融入生产的各个环节、生活的方方面面，还能使原来互相独立的产业的边界不再明显，产业融合的趋势日益明显。

一方面，数字技术应用具备无边界和无障碍的特点，可支撑打通部门壁垒，使产业链得到延伸，比如人工智能技术应用到农业和种植业，不仅可以提升农业产量，还能延长农业产业链。

另一方面，数字经济能降低产业间的交易成本与搜寻成本，减少信息不对称在产业部门之间发生，避免道德风险与逆向选择问题，模糊产业间的边界。例如，数字平台如今已是重要的基础设施，是产业链各部分主体高效整合资源的基础。

数字经济模糊产业边界，推进产业融合，主要有三种变现形式：

（1）第一种形式表现为数字经济在其他产业中的渗透。主要是高新技术产业单方面对传统产业的渗透融合，电子商务作为数字经济对传统零售产业渗透的产物是典型的例子，这种渗透在消费端体现为交易线上化，在生产端表现为企业信息管理系统的应用。

（2）第二种形式变现为产业之间的交叉融合。随着技术进步，原本互不相干的产业由于业务拓展的需要，产业间之间自然的互补和延伸，产生了业务的交叉，比如物联网、高性能的集成电路。

（3）第三种形式变现为产业之间的重组。这种情况出现在原本关联度就很高的产业之间，这些产业之间的边界被打破之后会产生新的经济业态，是一种全面的融合，比如电子游戏等产业。

二、数字经济促进新兴产业的发展

（一）数字经济推动线上商业模式的发展

一方面，随着数字产业化的推进，产生了众多如高端装备、云计算、5G通信等新产业；形成了如自媒体、电子商务、新零售等新业态；催生了如共享经济、平台经济等新模式，在这个过程中，越来越多的企业家、科研工作者等开始进入新的领域，并且在新的领域内进行产品上、技术上、模式上的创新。

另一方面，数字经济凭借强大的传播功能以及几近于零的信息成本，为创新主体获取知识以及信息提供了基础，创新主体可以及时的跟踪市场动态、学习交流前沿技术以及商业模式，这个过程促使创新主体催生出新的思维方式与创新观点，激发了他们的创新精神、创新思维，最终促使企业、科研机构等自主创新。

（二）数字经济拉近商家与消费者之间的距离

一方面，产业数字化的推进为传统行业注入了新的动能。数字经济深入社会经济各个领域，对已有的实体经济进行数字化升级和改造，催生了如网络直播、线上教育等新业态。在这个过程中，不但实体经济的创新方式获得了变革与拓展，而且创新主体享受到了数字经济带来的高效创新服务。

另一方面，凭借互联网"互联互通"的特征，企业家可以及时与消费者沟通，获取消费者的反馈，从而使消费者开始参与到研发、设计、销售等各个环节。这种创新主体多元化的新模式催生了开放式创新的格局，降低了市场需求不确定所带来的市场风险。

（三）数字经济提高了创新的效率，降低了创新的成本

数字经济不但降低了创新过程中的信息搜寻成本，而且数字经济的应用可以使创新主体结构扁平化、去核化从而提高创新效率、降低创新成本。另外，创新活动一般具有风险高、投入多的特点，数字经济可以使资金的供求方都能准确地捕捉信息，还可以增加融资途径，从而提高创新活动的融资效率、降低融资成本。

（四）增加就业机会

一方面，对数字经济的应用部门来说，数字经济的应用改变了这些实体部门的生产与经营方式，数字技术的应用促使实体行业开始延长自身的产业链，为企业扩大产能提供了基础；另外，在需求上数字经济的发展使得企业的生产过程不再是企业家单方面的决策，而是使消费者参

与到生产的全部过程中来，互联网、人工智能、大数据技术的应用为满足消费者对产品多样化、个性化的需求提供了技术支持，这些都为创业活动的展开提供了供求的基础。

另一方面，对数字经济生产部门来说，数字产业化不断催生出了新业态、新模式与新产业，从而增加了创业的途径。

（五）数字经济改善了创业环境

数字经济降低了创业的风险。创业活动往往伴随着不确定性，数字经济中的大数据技术能够有效整合资源并充分挖掘信息的价值，在企业家决策前可以高效率地筛选出商业信息，在创业中可以促进企业价值减的信息沟通，在经营中能够准确地捕捉外部情况的变化与自己的经营现状，从而满足企业家的信息获取需求，达到规避风险的效果。此外，大数据、互联网等技术的运用可以帮助企业家减少信息中的噪声干扰，提高创业效率。

第一，数字经济使得企业家能够更高效的整合资源，提高创业效率的同时也达到降低成本的效果。

第二，依托数字平台的匹配功能，企业家可以更高效的与交易对象对接，降低了初创企业的交易成本。

第三，数字经济技术能使企业内部的管理结构趋于扁平化，降低了管理成本以及行政上的冗余。

第五节　技术创新对产业结构升级的影响

一、技术创新助力产业升级

技术创新是创新的主要方面，也是促进产业结构优化升级的主要途径。

（一）技术创新创造新产业，淘汰旧产业

一方面，技术创新开辟了新的领域，创造了新的市场与新的财富，即扩大了生产范围，促进了社会分工，于是产生了新的生产部门。比如信息技术作为推动第三次科技革命的技术之一，催生了信息产业。

另一方面，技术创新具备"创造性破坏"的特点，其催生出的新产业依托新技术因而生产率比较高，生产效率低的旧产业会逐渐式微，最终退出市场。而新产业会蓬勃发展最终占领市场，从社会整体来看生产率得到了提高，这种产业的转换就是产业结构高级化的过程。

（二）技术创新助力传统产业升级

对新技术的应用会降低传统产业的成本，扩大生产规模。比如 3D 打印技术减少了生产中零部件组装的环节，从而降低了故障发生的可能性，特别是像航空航天这种投入大、重资产、试错成本高的行业，新技术的发展正在降低其进入门槛，越来越多的私人部门进入其中，扩大了产业规模。

（三）技术创新改变了需求结构与产出结构

一方面，新的技术改变了既有的生产方式，使生产新的产品成为可能。对消费者来说势必改变其需求消费结构，对未应用新技术的企业来

说，为了维持市场份额不得不应用新技术，对自身的传统生产模式进行改造升级，调整生产结构。

另一方面，从生产要素的供求来说，新技术导致的生产结构的变化会影响投入结构的变化，即生产部门对生产要素的投入会进行调整，这种调整一定会维持甚至提高企业的生产率，引导生产要素向生产率高的部门进行转移，从而在整体上提高了要素使用效率，生产效率提高的量变最终会实现产业结构升级的质变。

（四）技术创新可以改变劳动力要素的配置

一方面，技术的进步对劳动者的素质也提出了更高的要求，劳动力需要从低级工作中解放出来，适应技术性更强、脑力劳动更多的高级工作，整体上提高生产要素的质量。

另一方面，技术创新将劳动力从劳动密集型产业中释放到智力密集型产业中。比如，随着技术创新不断得到改进，传统行业中生产率不断提高、所需劳动力不断减少，多余的劳动力会向生产率更高的行业转移，从而在整体上改善产业结构。另外，除了技术创新以外，创新还有商业模式的创新，商业模式的创新能够改变商业主体的运作方式，拓展商业渠道，降低商业成本。

二、数字经济可以跨越空间

数字经济具有开放性、共享和跨空间特征，带来的产业结构调整效应还能够作用于外部区域。

首先，数字技术实现时空距离的压缩，某一产业部门的经济行为不再被局限于某一特定空间，跨区域的经济交流与生产越来越多、越来越有深度，减少了资源壁垒和信息不畅，有利于跨地区协作的展开，不但使得区域产业间联系更加紧密，而且提高了产业部门的生产效率。

其次，市场主体借助数字经济技术可以发展线上业务，线上线下相互融合、齐头并进，创造双向运营机制，扩大企业的经营范围，使产品与服务可以辐射更大的领域，这有助于不同地区更好地开发自身的资源禀赋，发挥比较优势，淘汰低效率产业，降低产业同质化问题，使产业间协调程度更高，从而促进产业结构优化升级。

最后，数字经济不仅使产业部门之间实现跨地区联动，也为其他市场主体搭建平台，帮助政府主体、社会团体等加强交流合作，这有助于从更高的角度进行统筹规划，加深地区间的发展合作，使产业间的合作更加紧密、协调。

第六节　产业结构升级存在的问题及建议

一、我国产业结构升级存在的问题

（一）产业结构分配不合理

尽管我国第三产业产值占比与劳动力占比稳步增长，说明我国产业结构在高级化进程中稳步迈进，然而近年来劳动力生产要素从生产率最高的第二产业部门流出，这是一种生产要素配置的退化，表明未能合理利用资源，达到各产业部门协调发展。产业结构还存在不合理的现象。

这主要是由于近年来我国人口红利的式微叠加"逆全球化"的风潮，我国劳动密集型制造业的比较优势逐渐减小，从而导致劳动力生产要素向低生产率部门转移。然而我国三次产业间劳动生产率仍存在较大的差异，资源的配置远远没有达到最优。

（二）产业发展模式需转变

改革开放以来，我国通过积极引进先进技术与承接产业，取得了一定的成果，建成了比较完善的产业体系。然而过去的发展模式对当今我国的产业结构优化升级作用不强，甚至带来了一些负面的影响：

一方面，发达国家对我国输出的大多属于较为成熟的中端技术，关键的核心技术自己保留，而我国要攻克核心技术将面临研发投入高、见效周期长与风险高的问题，而以营利为目的的企业宁愿支付高昂的专利费也要避免这种研发投入，缺少创新激励，对引进国外技术形成路径依赖。

另一方面，我国过去承接的产业多属于劳动密集型产业，附加值低且耗能高，尽管这些产业在当时对国内比较先进，但现在这些产业生产出来的低层次产品已不能满足居民日益增长的中高端产品与服务需求，从而带来供需结构错配问题。因此，我国需要转变旧的产业发展模式，为产业结构协调发展与提升水平注入新的活力。

二、产业升级优化建议

（一）大力鼓励创新创业

畅通数字经济作用于产业结构升级的路径，并确保数字经济能够边际递增的促进产业结构优化升级。政府部门应该继续推进市场化改革，向科研工作者、企业家释放红利，鼓励创新与创业活动，更高的创新水平与创业活跃度不仅仅能更好地发挥"双创"的中介作用，还能够使数字经济对产业结构优化升级的推动作用保持在边际递增的区间内。

（1）一方面，要充分发挥政府在引导科技创新攻关中的引领性作用，以及在"投入高，见效慢"的基础科学领域的支持作用，缩减我国在基础科学领域与发达国家的差距；另一方面，政府可以通过减税降费的财政政策，进一步向市场让利，减轻创业压力，为万众创业保驾护航；货币政策上要运用结构性货币政策工具，"精准滴灌"小微企业，引导金融机构对创业者增加信贷支持；各个相关的行政部门也要简政放权，优化审批流程，向服务型政府转型，更好地服务创业者。

（2）积极鼓励社会发扬企业家精神。企业家是组织生产要素进行生产，从而创造财富的行为主体，是技术创新的原生动力，也创造了绝大多数就业岗位。而企业家精神的内核是创新、冒险与开拓精神。

企业家通过对资源进行配置组合来组织生产，识别市场机会，承担研发投入带来的不确定性，在资源的动态重组过程中，不断创造新的产品、新技术、新的商业模式。而创业就是企业家精神的具体表现，正如熊彼特的"创造性破坏"理论[①]一样，企业家通过市场竞争淘汰旧企业，促使生产资料从低生产率的单位释放，而创业本身就是找到更高效率使用生产资料的途径，从而在整体上提高资源的使用效率。

（二）推进产业结构合理化发展

推进产业结构合理化发展，构建在高水平的制造业基础之上的产业结构优化升级，规避"中等收入陷阱"。第三产业占比增加，可能是产业结构合理演进的结果，也可能是"产业结构早熟"，故加强数字经济对制造业转型升级的支撑作用意义重大。

首先，一方面，要构建数字经济企业与制造业企业之间的交流平台，打造新分工模式，提高合作效率并降低交易成本。另一方面，打造依托高校、研发机构与企业的"数字生态共同体"，促进产学研融合，提升

---

① 创造性破坏理论：是伟大的经济学家熊彼特最有名的观点，这是其企业家理论和经济周期理论的基础。

数字技术的应用水平。

其次，加速数据标准的制定，兼顾数据的开放共享与合理利用。政府应尽快出台相关规定，对数据搜集和使用的范围进行界定，尽快满足制造业企业对数据的合理需求与合法使用。

最后，企业应该加强对使用数据的保护措施，政府应该进一步完善数据方面的法律，以保证数据的安全性。

（三）政策合理引导

政府部门要合理引导数字经济发展方向，保证数字经济的发展和数字技术的应用有利于产业结构调整。政府应该促使数字巨头企业"下慢功夫"，注重针对生产端的数字技术研发投入，提高我国的数字经济渗透率，更好地助力产业结构优化升级。

第一，政府要鼓励数字经济在生产端的应用，引导数字经济健康发展。数字经济在生产端的应用服务于组织，是一种生产关系的延伸和连接，研发成本高且需要根据不同的生产关系做个性化定制，而应用在消费端研发成本低，所以政府要鼓励研发生产端的数字技术，使数字经济更好地助力企业生产。

第二，要通过反垄断，倒逼数字经济企业开拓市场"增量"，与国际上其他数字经济企业巨头竞争，而非与国内中小企业、个体经营争夺市场存量。对于弱势行业需要有保护政策，加强产业链各环节的监管，保证数字经济的健康发展，促进市场公平、稳定地运行。然后，政府要加大支持，鼓励数字经济更好地应用在农业与工业部门，提高我国农业生产与工业制造的智能化、信息化水平，适当减少数字经济在服务业中的过度应用，引导数字经济巨头企业加大对工业农业智能化上的研发投入，打造"智慧农业"与引领"智能制造"。

第三，加快完善数字经济基础设施建设，推进提高传统产业的信息化与智能化水平，提高数字经济在三次产业中的渗透率。

（四）优化产业发展布局

政府需要统筹兼顾做好规划，在数字经济发展落后的西部地区，应该加强完善相关基础设施；在数字经济较为发达的东部地区，应该引导数字经济在技术上攻坚克难，与国际优秀的数字企业展开竞争；而在中部、东北部地区，应该积极利用数字经济这一阶段较高的边际报酬发展产业。

针对中心城市，应该引导数字资源向制造业领域倾斜，适当减少在生活性服务业领域的应用。然后，充分利用数字经济对产业结构优化升级的空间溢出效应，邻近区域应该积极开展合作，搭建区域合作平台，最大化地利用数字经济的空间溢出，发挥协同效应。

第九章　数字经济与数字企业

第一节　数字经济网络产业特征及影响

随着新一轮技术革命及产业变革，以大数据、物联网、云计算、人工智能+、虚拟现实为代表的新技术迅猛发展，推动了数字技术与经济社会的深度融合。数字经济的快速发展，加速了传统产业的数字化转型，从而发展出一大批新产业、新业态和新的生产方式。数字经济已经成为我国发展速度最快、辐射最广的经济领域，也是目前我国重要经济发展战略，推动了我国全面数字化转型及产业升级。

数字经济是融合型经济形态，是我国经济转型升级的重要驱动力，它将推动我国产业结构向中高端转变。新一代的数字技术正以前所未有的速度融入社会生产和生活的各个方面，不仅提高了信息交流的速度和效率，也改变了传统行业的生产方式，催生出新的产业和发展领域。

目前，我国数字经济的发展是不均衡的，数字技术在各行各业的应用以及融合特征也存在差异。我国第三产业数字化发展相对超前，第一和第二产业数字化程度相对落后，因此数字经济和实体经济的融合仍存在较大的发展空间。在现有的数字化发展基础上，国家大力推广数字经济，对各行各业予以资金及技术上的支持，从而推动产业数字化。在这样的大环境下，有几个重要问题是迫在眉睫、亟需解决的：

（1）数字经济应当如何划分，其涵盖范围是如何界定的。

这个问题一方面能够解决数字经济的测度和计量问题，另一方面有利于确定国家政策扶植的具体产业类型。

（2）各行各业的数字化程度是怎样的，存在什么差异，加大数字投入能够带来怎样的经济影响。

目前，我国各行业的数字化发展存在较大差异，一些行业数字化程度较高，而另一些行业数字化程度低。单纯从政策角度推广全行业的数字化发展，对于不同行业类型产生的实际影响是存在差异性的。因此，需要辨识出各行各业在数字化程度上的差异性，以及受到数字技术影响的潜在效应。

（3）数字技术是如何作用至传统业务领域的。

从微观层面看，数字技术如何能够作用至一般生产领域的各种普通企业。将数字技术应用至传统业务领域遵循了怎样的传播和发展路径，这个问题有助于政府制定对特定企业及业务类型的政策扶植，发挥最大效益的数字技术资金支持。

总体来看，如何借助数字化技术促进产业发展是未来的重要研究方向，因此针对数字经济的发展趋势、产业间数字关联、数字产业影响范围及影响效应等问题的研究是十分重要并且亟需解决的。

随着社会的不断发展，数字经济及相关产业经历了从雏形到如今具有一定规模的转变，社会分工的深化也促进了数字经济的发展，使其成为最新和最热门的经济增长点。然而目前社会各界对数字经济的认识较为模糊，对其产业边界和涵盖范围尚未形成权威标准，这就给数字经济的相关测算和研究造成了一定的障碍和不便。清晰地界定数字经济的产业界限及划分是对其进一步研究的基础。

浙江省数字经济核心产业统计分类目录是我国官方首次发布的数字经济产业目录，涵盖了计算机及电子器件、仪器仪表等硬件制造、通信、软件及互联网服务、文化数字内容服务，与其他数字经济分类的不同之处在于，没有包括电子商务部分。

综合国内外对数字经济的界定和划分，将计算机制造、软件、通信和互联网行业归至数字经济行业已达成共识，分歧在于 ICT 技术在其他行业的应用，如电子商务、数字媒体、电气设备、仪器仪表制造这些数字化界限并不清晰的行业如何划分，这一点各方学者和机构缺乏统一意见。

第二节　数字经济相关概念

一、数字产业与数字企业

数字产业与数字企业分别从两个不同层面反映了数字经济的发展方式和特征，其区别在于度量层面存在差异，数字产业从中观产业层面度量数字经济发展，而数字企业从微观企业层面探讨数字技术应用。

我国各行各业可以根据其最终产品划分为数字产业和非数字产业，这两者之间以产品类型为依据，存在清晰的划分界限。

对于非数字经济产业分类的一般其他产业而言，其数字化程度可以通过该产业采用了多少规模和比例的数字技术来衡量，一个简单的度量方式就是该行业的数字投入。数字化水平较高的传统产业往往需要更快的计算速度、更大的存储空间、更稳健的通信信道、更精准的算法、更个性化设计的软件及更深入应用的互联网技术，这些数字化技术的实施和应用均需要来自数字经济产业的硬件设施及软件技术支持。

二、数字技术供应概念分析

数字技术供应是指纯粹的数字技术领域为其他领域提供技术支持的一种行为。根据具体的经济维度，又可以分为数字技术供应产业和数字技术供应企业，前者为中观层面度量单元，后者为微观层面度量单元。数字技术供应产业由数字技术供应企业的各种经济行为汇集而成，两者存在层级和包含的关系。

数字产业是指为其他领域提供数字技术支持的产业类型，与数字技术供应产业的划分类型相同。具体对应电气机械和器材制造业、计算机、通信和其他电子设备制造业、仪器仪表制造业、电信、广播电视和卫星传输服务、互联网和相关服务、软件和信息技术服务业、新闻和出版业、广播、电视、电影和录音制作业这些产业类型。

三、数字企业分类

数字企业根据其基本业务领域及服务方式划分，有两种不同类型。如果某数字企业为其他各行各业均能够提供数字技术支持，则这种数字企业为基础技术型，能够广泛适用，包括基础硬件的生产制造、通信服务、互联网技术支持等。另外一些数字企业则侧重某特殊行业的数字技术应用，这种数字企业并不能广泛适用于各种行业，而是针对特定的生产方式进行数字化定制，主要侧重专业电子器件制造及软件开发。

在实际经济生产中，融合型数字企业发展为主流方向。这种数字企业一部分由外围专业定制服务的数字企业发展形成，另一部分则从传统业务型企业的数字信息部门分离出来，形成独立业务的融合型数字企业。

第三节　产业关联

一、产业关联概念

产业关联在企业及产业维度更多地表现出一种聚集行为，即产业集群。

产业集群是指社会分工背景下的个人、企业、组织、产业在社会网络结构中形成的一种空间聚集现象。从资源优化配置的角度看，产业集群代表了以最优社会资源要素进行重组、整合，得到的一种具有竞争优势的区域经济活动。

根据企业及产业的这种聚集行为，可以构建企业—产业维度的整体分析框架，将割裂开的微观及中观分析结构及数据统一至一个研究框架。该分析框架的最基层研究对象为微观层面的独立企业，企业与企业之间发生经济活动进而形成网络形式的关联关系，向上一层的研究对象为产业及产业之间的相互联系，同样能够以网络形式进行描述。

产业关联实质上是以产业为独立个体进行研究，其研究范围介于微观层面和宏观层面之间，同时具有向上兼容以及向下兼容的作用。对于大多数研究而言，通常的做法是将产业领域的微观、中观以及宏观分开进行单独层面的问题研究和讨论，这种割裂开的研究方式要么基于微观经济领域的理论框架，要么基于宏观层面的计量以及测度，存在一定的片面性。

为了避免单独从微观视角或是宏观视角研究产生的局限性，需要采用一种更加灵活且具有兼容性的研究框架和结构，将微观、中观至宏观层面的产业研究统一起来，进行更加全面的研究分析。

二、产业之间的关联方式

广义的产业关联不仅仅包括产业之间的投入产出关系，还包括了产业部门之间千丝万缕的复杂经济联系。根据产业之间的关联方式，广义的产业关联又可以大致分为商品及服务联系、生产技术联系、价格联系、劳动就业联系、投资联系这五大类。

（一）商品及服务用于消费和生产

商品及服务联系是指一部分产业部门为另一部分产业部门提供商品及服务，或者相互提供商品及服务的关系。某产业部门生产出的商品或者提供的服务，一部分用于消费，另一部分作为生产资料供应至其他产业部门进行生产。产业与产业之间商品及服务的联系属于产业间最基础的关联关系，其他联系包括生产技术、价格、劳动就业、投资等均由商品及服务联系派生而来。

（二）生产技术推动产业发展升级

不同产业部门根据其产品及生产方式的不同，生产技术存在较大差异。某产业部门根据其自身的产品结构及生产技术特点，对相关上游产业产品及服务提出各种工艺标准及服务质量，从而保证该产业部门的产品质量和生产稳定。随着技术的不断发展和进步，新技术和新工艺的出现和应用，将引起旧的产业部门升级，新的产品及生产方式涌现更新，产业之间的技术联系推动着产业的发展升级。

（三）价格产生竞争机制，节约生产成本

部门之间商品及服务的供应及需求关系，从计量的角度看，表现为以货币为度量的价格联系，是产业部门之间商品及劳务价值的货币表现。价格联系使得产业部门之间的关联性能够以价值量的形式进行度量和建

模，为产业结构变动、产业间比例关系的分析提供了计量的依据。同时，价格能够将竞争机制引入具有替代效应的产品及产业，推动社会劳动生产率的提高，有利于成本费用的节约，使资源得到有效利用。

（四）劳动就业方面，吸引高素质人才

产业之间的关联关系与劳动就业也密不可分，在非充分就业的情况下，产业扩张不仅会使自身吸纳更多劳动力，还会以乘数效应带动密切关联产业的就业增长。而在充分就业的情况下，这种劳动就业联系则呈现出相互挤兑的模式，某产业的扩张以及发展所增加的劳动力，将造成其他产业劳动力的减少。在劳动力数量及质量一定的情况下，人们倾向于选择收入更高的产业，因此利润高的产业会吸引更多高素质人才，而利润微薄的产业则难以吸引人才。

（五）联合投资、共同发展

产业发展往往需要产能扩大以及技术更新，这种产能扩张和技术升级需要通过投资来实现。企业购买更多的土地建厂房，购置更多的生产设备，并加大研发投入促进生产效率提升。产业部门通过不断的投资增加并更新其有效资产，扩大的产能及升级的生产方式将进一步影响上下游产业的产出需求，从而引起相关联产业的投资增长以适应更多数量的产品需求及更优的产品质量。与此同时，一些产业部门存在联合投资的情况，以其自身优势资源和技术相结合，互利互惠、共同发展。

三、产业关联的结构分析

产业关联分析由企业作为最基本的结构单元，以各种经济联系聚集成企业群团，进一步汇集为独立的产业及产业联系。针对不同的研究对象，研究层次及研究方法也会存在差异，因此需要一种兼容性较好的模型，同时纳入企业及产业级数据进行联合分析。

具有多层结构的超网络数据模型能够较好地描述和度量由微观至中观，以及宏观层面的组织方式。当样本量足够庞大且具有代表性时，微观层面的企业数据以及企业之间的经济互动关系能够采用企业层级网络进行描述和表达，根据企业所属的产业类型进行汇集可以得到产业层面的网络结构，而产业网络结构又足以反映宏观的经济走势和兴衰。

因此超网络模型通过多层次多属性主体之间的经济联系，能够将微观、中观以及宏观层面的经济活动统一至一个数据结构框架下进行分析。

四、产业关联超网络特征

与企业层级网络、产业层级网络相比较，产业关联超网络具有一些不同的特征，包括多主体、多层次、多属性特征。产业关联超网络涉及主体包括企业和产业，是两种不同类型的网络节点，同质性主体之间存在关联，而非同质性主体之间也存在关联。产业关联超网络相比于普通网络拓扑结构，具有多层次的特性，包含企业层级、产业层级两层级网络，将中观数据与微观数据有机结合，能够反映出更多单层网络无法表达出的信息。产业关联超网络的多属性特征体现在企业层级网络与产业层级网络所反映出的不同关联结构，企业之间的关系包括合作与竞争，而产业之间的关系则包含上下游供需、经济关联、技术融合等方面。

产业关联超网络将企业之间的复杂网络关系、产业之间的复杂网络关系有效结合起来，能够表达出很多单层网络无法展示的信息。比如根据网络算法计算得到关键企业节点，分析其在产业内部起到的核心作用，以及与其他产业的关联是通过哪些企业之间的关系达到的。

分析这种关键企业的作用机制，能够为产业之间经济效应影响的连锁反应路径提供研究思路。此外，很多产业维度的经济特征，如产业规模、垄断程度、技术发展水平、员工素质等因素，通过怎样的方式影响其内在企业及企业群结构特征，这也是超网络维度才能探讨的问题。

五、数字产业关联及影响效应分析

产业关联及影响效应分析是以产业网络为研究对象，探讨某一产业对其他产业以及整个经济网络的关联影响。数字产业关联分析采用了前向关联、后向关联的计算指标，识别出数字产业的主要关联产业，并采用了阈值网络分析方法，对各数字产业的主要关联产业进行筛选和可视化分析。数字产业网络影响效应分析从网络传导机制的角度，分析计算数字产业由于其网络关联效应，对整体网络带来的潜在经济影响。

这两种分析方法从单独的产业对产业影响，延伸至产业对总体经济网络的影响，能够分析数字产业对其他产业及整体经济网络的关联效应及潜在影响效果。

数字技术在不同类型企业集群中的传播可以概括为如下三个步骤：

第一步，数字技术供应型企业投入研发创新，获得最为前沿的设备和技术，作为数字技术的知识储备。

第二步，前沿的数字技术传递至数字融合型企业与传统产业技术相结合，形成能够实际应用至产业的数字技术。

第三步，数字技术由数字融合型企业作用于相同产业技术类型的普通企业，完成数字技术的路径传播。

这三个步骤实现了数字技术由最前沿的研发创新，一直传递作用至最末端的普通产业类型企业集群，揭示数字新技术从发明出来到实现广泛应用及产业数字化的具体过程。

第四节　数字产业发展趋势及发展建议

一、数字产业网络趋势演化

数字产业下属细分领域在整个经济网络中的重要性及发展趋势存在差异。电气机械和器材制造业、计算机、通信和其他电子设备制造业、软件和信息技术服务业影响和作用范围最广泛，规模、影响深度及网络整体重要性也位居前列，这几个数字产业与各行各业均存在不同程度的关联作用，体量最大，影响力强。

电信、广播电视和卫星传输服务、新闻和出版业、广播、电视、电影和录音制作业在各项网络指标计算值上均表现不佳，这些个数字产业在产业关联、产业规模及总体影响力方面较弱，有待加强。我国数字化发展在基础设施铺设及硬件层面势头较好，这也是数字化进程的第一步，后续的高质量发展需要在信息技术、互联网应用、数字资料开发及共享上下功夫，并加强新技术在传统经济领域的推广应用。

比较整个企业网络中企业及连接关系的数目增长，可以发现数字产业分类下的企业数目及企业连接关系数目增长要高于均值水平。近十年来，经济网络时序趋势表明，数字企业的新增及业务关系的增加要普遍高于总体水平，对于经济发展、扩张及活化具有正向作用。

二、数字产业发展建议

从数字产业的主要关联产业看，我国数字产业下属细分产业领域的作用方式存在不同。数字硬件制造产业类型较多，主要作用于制造业产业；数字软件及服务产业类型较少，主要作用于服务业产业，数字资料产业类型也较少，主要作用于服务业产业。

从微观层面看，数字企业的具体业务方向包括两项，一是通用类数字技术的前沿开发与创新，二是数字技术在具体传统行业的专业应用。因此本研究认为，数字企业的发展及政策支持应该从这两个方面入手：

一方面，前沿性的数字技术基础理论及硬件设施的研究和开发是必不可少的，也是数字技术基础支持与创新的发源地。

另一方面，产业数字化的推进及效率提升，需要量身定制型数字企业的辅助，即专攻某产业生产方式的数字型企业，这也是数字技术与传统产业相结合及发挥实际作用的桥梁。

目前，数字企业的发展除了自然状态下的企业新增和企业交易关系增加，还需考虑宏观环境下的推动和良性市场环境的建立。互联网、广播电视、软件信息产业的企业增长和扩张反映了这些行业蓬勃的生机和发展需求，因此在政策上应当给予小微企业减免税等优惠政策。对于行业壁垒较高的电信、广播电视和卫星传输服务业则需要考虑相应政策应对其垄断特征，比如引入更加活跃的市场竞争机制，促进行业发展、技术创新和降本增效。

三、数字产业均衡化发展建议

（一）均衡化发展

目前我国数字产业发展仍处于初级阶段，尚未成为我国核心产业，需要针对其细分领域的发展阶段和趋势，采用不同的政策措施。根据数字产业重要性指标计算结果，可以发现代表基础硬件的电气机械和器材制造业、计算机、通信和其他电子设备制造业规模最大，影响的产业范围最广泛，说明我国数字化发展还大规模停留在基础硬件设施的铺设上。

虽然软件应用层面体量较小，但互联网和相关服务、广播、电视、电影和录音制作业、软件和信息技术服务业企业增长速度快，关联关系也同比增长，说明数字化软件应用、信息技术、互联网及数字媒体的发展虽然起点低、体量小，但增长速度较快，是我国数字经济战略需要特别重视的领域。

数字产业发展的不均衡状态与产业数字化进程密切相关，负责存储、计算及通讯的数字硬件基础设施是数字化的先决条件，有了这些基础设施的支持，才能进一步在软件应用、互联网技术、智能算法上进行开发。我国数字产业发展处于数字硬件产业体量大，影响广泛的阶段。数字软件及服务发展水平正尾随其后进行追赶，虽然增长速率快，但由于之前积累的体量较小，数字软件产业尚未达到与数字硬件产业相比拟的水平，同步配套发展还需时间和技术的积累。我国在制定数字化战略时，不但要从基建的角度投入大量资金到硬件设备的购置上，更需考虑数字软件的产业定制及前沿数字技术的实际应用。

（二）数字产业发展方向

从计算数字产业对整体产业网络的潜在影响，得到数字产业对整个经济网络的直接关联影响比率和间接关联影响比率。从数字产业细分领域看，数字硬件产业相比数字软件及数字资料产业，对整体经济网络具有更大的影响效用，短期内是我国数字化转型推动经济发展的一个有效着力点。

数字软件及数字资料产业在整体经济网络中与各行各业之间的联系及作用还比较弱，在未来发展中具有很大的潜力和增长空间，属于长期需要着重发展和数字化推进的方向。从产业结构调整的角度看，数字硬件产业对服务业的影响，数字软件和数字资料产业对制造业的影响，均属于经济网络的弱连接及薄弱环节，提高这些产业之间的关联强度可以增强网络的稳健性，并促进数字产业对其他各产业的联动效应。

根据数字产业下属细分产业对整个经济网络的不同影响比率，可以发现数字产业的不同细分产业发展水平存在较大差异，说明我国数字化进程并不是齐头并进的，不同类别的数字技术在发展过程中存在异步性。我国在推进数字化发展的具体实施过程中，需要考虑这种产业数字化在技术层面发展不同步的状况，优先发展较弱的数字技术领域，针对数字软件及数字资料行业层面予以更加优惠的政策，以"补短板"的宏观经济策略推进数字软件及数字资料相关技术在传统产业领域的应用。

（三）数字产业发展根据产业特征区别对待

我国各传统产业的数字化程度是不同的，需要根据其产业特征区别对待。数字化程度较低的传统产业具有更多的发展提升空间，并且面临着更加困难和专业化的产业数字化发展路径。我国产业数字化主要沿着"数字硬件基础设施购置—数字软件定制及信息技术应用—数据开发及知识应用"的路径逐步实施。

目前，我国大部分产业仍处于投入大量资金于数字硬件设施的数字化阶段，软件开发、信息技术应用、数据及知识等维度的生产力尚未完全开发，需要相应政策措施进行指引和支持。针对数字化程度较低的产业类型，可以采用数字化定制的方式提高该产业数字技术水平，即结合产业自身生产经营特点，量身定制数字化发展实施方案。

目前我国尚处于数字经济发展的初级阶段，数字经济作用于各行各业所呈现出的复杂关系并不完善，所能揭示出的复杂关系尚不充分。发展数字经济作为我国重要战略，其相关政策及推广时间也比较短，在近两~三年才得到较大重视，而能够获得的中观及微观数据也存在一定程度的滞后性。

因此，未来的研究方向指向产业数字化相关政策实施后若干年，以政策实施节点为分界线，研究分析相关数字政策的实际经济影响。

第十章　数字经济下的新型基础建设

第一节　信息基建

2018 年 12 月，中央经济工作会议首次提出新型基础建设（"新基建"）概念，将 5G、AI、物联网和工业互联网等定义为"新基建"。2019 年 3 月，"新基建"被写入政府工作报告，强调新一代信息基础设施建设和融合应用，"新基建"迅速成为一个受到广泛关注的"热词"。

数字经济主要包括了数字产业化与产业数字化，"信息基建"是数字产业化的载体，同时也是产业数字化的重要路径，是推动我国经济高质量发展的重要引擎。而产业的数字化、信息化建设，必将辐射向其他上下游产业，促使其数字化转型升级。5G、工业互联网等早已起步，但要大规模应用，并带动上下游产业联动发展，实现相关产业企业的数字化升级，需要进一步的研究支撑，对"信息基建"发展战略进行完善部署。而企业作为产业升级的主体，是产业数字化的重要对象。

目前，国内企业的数字化转型存在着成本过高不愿转、投资时间过长不敢转以及数字化能力弱不会转的三大困境。

因此，在当前"新基建"发展战略及数字经济时代背景下，回答我国"信息基建"对国民经济各产业间带来了怎样的数字化影响，嵌入国民经济产业体系的敏感度及关联度如何，以及"信息基建"对产业间及产业内企业的数字化发展赋能方向及路径的问题，有助于更好发挥出

"信息基建"的数字化影响，为进一步推进我国"信息基建"发展，促进企业数字化转型升级提供经验依据。"新基建"范围包括三个方面：

一是信息基础设施，主要指 5G 等新一代信息技术衍生的基础设施。

二是融合基础设施，主要指应用了新兴技术，赋能传统基础设施升级的融合基础设施。

三是创新基础设施，主要指支撑科学研究等具有公益属性的基础设施。

现有研究普遍认为，"新基建"除了具有基础设施共有的基本特征外，还具备不同于传统基础设施建设的独特发展特征：

第一，"新基建"作为基础设施建设，同样具有显著的正向经济外部性，但"新基建"相比于传统基建，市场失灵现象并不明显，具有更大的外部效应，投资需求、市场化竞争程度较高。

第二，"新基建"技术迭代快、建设周期和存续周期短，需求拓展能力强。"铁公基"等传统基建技术发展平稳，建设周期和存续周期较长。"新基建"的数字化建设及部署周期约为一年，甚至更短，同时建设的可分解性较强，可满足弹性扩展的需求。

第三，"新基建"需依靠上下游产业间协同创新才能发挥其数字化赋能作用。"新基建"产业间的协同效应和渗透效应强，传统基建项目规模大，而"新基建"以数字技术为核心，数字网络为媒介，其服务方式、辐射范围都很大，更侧重于创新的精细与赋能，基础设施建设与应用层面同步创新才能发挥其数字化赋能作用。

在新一代信息技术发展进入数字化的时代后，"信息基建"不再只是讨论信息化时才被强调，而是被纳入数字基础设施的范畴。一方面，"信息基建"的发展水平基本与"新基建"整体相当。另一方面，更多学者的研究开始聚焦"信息基建"在数字经济时代带给国民经济各方面的影响。

电信网络基础对信息服务层具有内在带动影响。在规划"信息基建"时，要考虑到该基础设施的空间溢出，同时提高服务水平。

"信息基建"是产业数字化的核心路径，其促进传统产业的转型，以及新兴产业的发展，对于经济活力释放及高质量发展具有关键作用。因此，对于"信息基建"产业方面的研究得到诸多学者的重视。

综上所述，已有文献对本文实证研究"信息基建"的产业关联和企业数字化转型影响具有很强的参考价值。但本文在梳理已有研究的过程中发现以下几点不足和研究切入点：

第一，无论在"新基建"理论内涵及现有研究方面，均可以明确"信息基建"是我国提出"新基建"战略的内核，现有部分文献对"新基建"的实证过程中，其实质上就是对"信息基建"进行研究，"信息基建"是进行定量分析的一个很好的切入点，可以继续进行更多方面的探索。

第二，"信息基建"是战略性新兴产业的核心发展部分、数字产业化的重要载体，"信息基建"产业视角的研究得到了诸多学者的尝试，现有研究表明，产业方面丰富的理论，以及可获取的指标数据，为"信息基建"的数字化影响的定量研究提供了一个可行的路径。然而，现有文献缺乏对"信息基建"产业体系间的关联效应问题的专题研究。

第三，现有文献主要从技术、经济、政府等方面进行企业数字化转型影响研究，而现有研究对于政府具体的有关数字化政策带来的数字化影响实证研究还较少，包括"信息基建"对数字化转型的影响研究，现有文献多聚焦于宏观层面，对于微观层面的研究还不多，且微观层面的研究也多数基于理论分析，少有通过微观数据研究数字经济背景下，"信息基建"对企业数字化转型的影响。

企业的数字化转型是利用新一代信息技术，构建数据的采集、传输、存储、处理和反馈的闭环，打通不同层级与不同行业间的数据壁垒，提高行业整体的运行效率，构建全新的数字经济体系。企业数字化转型本质上是利用数字技术和数据资源来处理企业复杂问题，不仅提升企业的效率，更是企业能力的一种跃迁，从而取得自身新型的竞争优势。

随着数字技术在经济社会中各行各业的发展和应用，以及数字经济时代下对数字化的众多举措，数字化转型的概念进一步的拓展，已不仅仅局限于私营企业的实践，而是向宏观与微观结合的方向发展。数字化转型是通过数字信息技术的应用，包括信息、计算、通信和连接技术的结合，从而引发实体属性发生变革，是一个改革的过程。

数字化转型是技术应用的创新和数据资源增长双重作用下，对经济、社会、政府的变革和重新塑造。结合宏观和微观，学术界和实业界的思想，本研究认为，基于数字经济及新一代信息技术发展，数字化转型是通过组合应用数字信息、计算、通信和连接技术，使转型主体属性产生重大变革，进而实现主体变革提升的过程。

第二节　信息基建与产业数字化转型的关系

一、信息基建与产业关联

传统基建极大加快了我国工业化进程，在产业间的影响即表现为第一产业人力大量流向第二产业。而数字技术的发展正为我国提供新一轮产业革命基础，促进各产业产生新的变化，激发新的产业间的互动。"新基建"高附加值等的特征能够在一定程度上对促进产业间高级化调整。作为"新基建"的内核，以及作为数字产业化重要载体的"信息基建"正为新兴产业发展、传统产业融合升级提供动力，通过产业关联带来了产业的数字化，其对产业链的整体健康发展都有促进作用，能够引导和驱动上下游产业链需求，形成"一业带百业"的乘数效应。

对"信息基建"的投资，会对相关上下游产业带来关联影响，加大"信息基建"投入，由相关产业的关联影响可以将收入提升值投入额的数倍，产业关联效应带来的需求的拉动与供给的推动作用最终促进国民经济的增长。以5G为例，5G基站建设的产业链涉及众多产业部门，例如上游主基站建设部门，下游物联网、AI、工业互联网等产业部门此外，5G也可以带动传统产业数字化以及带动消费端，例如无人驾驶汽车、智慧医疗、智慧城市、交通等产业领域，从而影响产业结构，发挥出产业关联效应。

可见，"信息基建"作为我国战略性新兴产业的重要组成部分，并不是光指一个单独的数字化基建产业，而是深入上下游产业，通过新一代数字信息技术融合产业发展，将带动上下游产业数字化，产生产业关联效应，拉动国民各产业融合互动，成为经济增长的新引擎。参照以上的理论及研究，本文基于"信息基建"产业关联的视角，研究"信息基建"带来的数字化影响。

二、信息基建与企业化数字转型

国家发改委强调"新基建"以信息网络为基础，具有数字升级等服务功能，可以为数字化转型提供底层支持，"信息基建"作为"新基建"的内核，带来的科技创新和产业数字革命与企业数字化转型的需求不谋而合，提供了良好的技术条件和基础环境。

一方面，"信息基建"加速上下游关联的各行业企业的数字化发展，从而加速智能经济、智能社会的实现，加快企业的生产效率，并赋予弹性。

另一方面，"信息基建"促进了数据的使用效率，进一步刺激创新，促进了行业内的企业运用数据，利用新兴技术进行数字化转型产业升级的主体是企业。

随着产业数字化迭代和升级，上下游供应链的对接促使数字化转型成为企业无可避免的选择。而相关数字化政策的支持以及产业升级等更进一步为企业数字化转型带来好的外部环境和合法性压力。

由于不同行业的属性、资源禀赋及数据要素等存在差别，数字化的进程会存在产业异质性。因此，不同产业受到数字化渗透的深度存在差别，从而影响到产业的结构，"信息基建"的产业关联效应一定程度反映出这样的产业结构改变，通过研究"信息基建"关联产业的企业受到的数字化影响，有利于确定数字化的产业重点。

三、影响企业数字化转型的因素

（一）生产经营技术不断提升

随着数字经济时代的到来，生产经营技术不断更迭，会倒逼企业适应市场新需求，提升或保持企业的核心竞争力，数字化发展会促进企业通过大数据、5G、AI 等新兴技术的应用，实现企业向智能化转变，数字技术给企业创新提供途径，进而激励企业应用新型数字化技术实现企业的转型。

同时，已有研究表明，企业数字化转型的关键在于企业创新，从而提高自身核心技术能力。要想推动企业数字化转型的成功，必须具备较高的企业创新能力和较低的融资约束。企业创新的潜力是数字化转型坚实的技术支点，强化企业创新动能，就会促进企业数字化转型。综上所述，"信息基建"促使企业运用数字化技术，加大对创新的投入，进而增强核心竞争优势，才能围绕这一优势进行数字化转型。

(二) 人才需求量加大

人力资本的提升对企业数字化转型至关重要。"新基建"具有高附加值等特征，可以有效促进产业链、价值链的水平提升。产业价值链攀升刺激劳动要素的专业化、高素质，进而整合价值链各个环节，促进产品附加值的攀升，新型数字信息技术的应用会加大企业对于人才的需求度，优化企业的人力资本结构。增大企业人力资本可以使高质量知识整合到生产经营之中，从而产生技术溢出，企业向"微笑曲线"两端攀升，创造新价值。

同时，信息技术的强渗透和通用性，促使产品、业态的创新，从而依靠更具活力的市场吸引更多高质量人才加入，这必然会促使渴望数字化转型的企业加大人力资本的投入。同时，人力资本对数字化转型具有不可替代的作用，劳动力作为特殊的资源，加上完善的知识体系，能够不断积累经验，对创新能力和潜能的提升有显著积极作用，进而作为核心动力促进企业数字化转型。

第三节　中外信息基建的差异对比

一、中美"信息基建"产业关联效应具有较大差异

从产业关联效应来看，"信息基建"制造产业前向关联集中在高端制造业和生产性服务业，美国的"信息基建"制造产业长期支持着制造业的发展，对传统重工业的支持更强，对第三产业的间接前向关联更大，

对"信息基建"服务产业前向关联强度上升趋势明显，且与大学及研究机构等的联系较大，是更倾向于以科学为基础的产业，产学研合作是其"信息基建"制造产业创新的源泉。

中国"信息基建"制造产业产品主要分配给自身，更偏向于对生活型加工业的支持，对传统制造业的作用发挥还不够，而对资源型产业影响较大，对第二产业的间接前向关联更大。

"信息基建"服务产业的前向与后向关联均主要集中在第三产业，美国的"信息基建"服务产业产品最主要分配去向是第三产业及建筑业，对第三产业的间接前向关联同样较大，体现了美国产业的高度，同时其受到传统重工业的支持力度更大，也与科学研究和技术服务的直接后向关联更强。

中国"信息基建"服务产业的下游产业主要是提供零部件的传统制造及部分服务业，对第二产业的间接前向关联更大，更多依赖于传统制造业的产品，对第二产业具有更大的完全需求拉动作用，但这样的完全拉动作用主要集中的产业仍多为提供零部件的传统制造业。

二、中国"信息基建"制造产业中间产品属性强

从中间投入率及中间需求率角度来看，美国"信息基建"制造产业更接近终端消费性产业；"信息基建"服务产业更倾向于提供信息资源的生产性行业，中间产品属性更强，在产业间存在较大影响。中国"信息基建"制造产业中间属性极强，产业的影响力极为重大；"信息基建"服务产业中间产品属性稍弱，更接近消费性产业。

美国"信息基建"制造产业的中间投入率呈明显下降趋势，逐步向高附加值产业转化。中国"信息基建"制造产业的中间投入率远大于美国，产业的带动力极强，属于高带动作用、低附加值产业。而中美"信

息基建"服务产业均属于低带动作用、高附加值产业。

从产业波及效应来看，美国"信息基建"制造产业从最终制品型产业向最终初级品型产业转变，产业间的影响以推动力为主，且推动力与拉动力的差距越来越大；"信息基建"服务产业属于中间初级品型产业，对经济发展的需求感应程度大，产业间的影响以推动力为主。

三、"信息基建"还存在特征和地域异质性

依据产业关联和产业互动理论，产业的关联会向产业融合的方向发展。由此，本研究立足于"信息基建"及产业联合互动大背景，从微观层面探究了"信息基建"对企业数字化转型的影响。研究发现，"信息基建"显著促进了企业的数字化转型水平，实施后的三年间的促进作用大小有小幅波动，呈现先增后减的趋势。结论在各类稳健性检验后依然成立。

"信息基建"对不同企业特征及不同区域的企业数字化转型的影响具有异质性。具体表现为，在不同的企业特征方面，"信息基建"对非国有企业数字化转型的促进作用更大，原因一方面是国有企业一定的路径依赖使其变革的需求不够强烈，而非国有企业面对更严峻的市场竞争压力，因此转型动力更足；另一方面国有企业技术引进和创新的活力更小，因此对于数字化转型相对保守。

第四节　政策建议

一、推动企业化数字转型

一方面，目前中国"信息基建"制造产业属于"双高"产业，可作为国民经济主导产业带动其他上下游产业的发展。应优化"信息基建"投资结构，在现有基础上进一步扩大 5G 基建、新能源汽车充电桩、工业互联网等相关通信电子设备制造产业的投资占比。

另一方面，"信息基建"制造产业中间需求巨大的特性，为中间投入产业提供了庞大的市场，产生连锁效应，可以利用大数据中心、AI、工业互联网等新一代信息技术作为数字化转型重要驱动力，从"信息基建"促进平台建设、支持传统制造业转型升级、提高社会服务能力、提高社会运行效率等方面着手，对经济复苏及增长发挥作用。

二、推动产业融合

通过技术及资本要素的融合发展，有效促进科技创新，科学技术进步带动产品附加值上升，提升服务产业高度。加大对企业数字化升级的政策支持，加强传统产业数字信息含量，以及产业的数字信息化服务水平，加强整个服务产业的市场化、竞争化。从美国经验可以看出，其"信息基建"制造产业与"信息基建"服务产业的关联强度有明显的上升趋势，促进"信息基建"内部产业融合发展，可以充分发挥服务产业的高扩展性，促进数字技术创新与应用，提高"信息基建"发展水平。

三、因地制宜、精准基建

针对不同的地区、不同的企业特征存在的问题制定差异化的信息基础设施的动态规划，从而提高"信息基建"有效性和精准度，真正达到基建影响效果，缩小数字化的鸿沟。

政府应在实施"信息基建"发展战略时将企业的性质作为考量因素，进行差异化的政策安排，针对高新技术企业，由于"信息基建"对其影响效果十分显著，因此可以实施激励政策，先一批实现数字化转型，引领高质量人力资本向高新技术企业流入，完善人才引进、培养、奖励机制。又由于"信息基建"对国企以及非高新技术企业数字化转型的影响还不显著，因此针对这些企业，政府应充分发挥引导作用，重点刺激企业创新及人力资本等多方位提升，从而促使其在发展后进行数字化转型，而非在现阶段一味地进行信息基础设施的投资。

针对不同地方的企业推行"信息基建"不能一刀切，对于中西部企业避免达成指标而过度基建，降低冲击可能导致的负面影响，地方政府的"信息基建"应结合市场的需要，充分识别企业现阶段重点问题，将"信息基建"落实与企业发展有机结合起来。

四、加强人才的培养

美国经验显示"信息基建"与科学研究联系密切。"信息基建"项目的建设与运行需要各领域专业技术人才支持。为此，一方面，要加强新一代信息技术高层次复合型人才的培养，建议高等院校制定数字经济发展的人才培养目标，开设大数据、人工智能等新兴专业；另一方面，强化"产学研"结合，建设人才实训基地，鼓励高校、科研机构和企业联合多渠道培养人才，发展高质量"信息基建"。

　　在"信息基建"的数字化大背景下，企业应利用数字信息技术对资源进行整合应用。在新一轮的数字化革命驱动下，企业需要加大创新及人力资本的投入，积极主动地向数字化转型才能赢得企业竞争优势。

　　一方面，加强人才培养，提升人才引进机制，加大优质人才引进力度，突破人力资本对企业数字化转型的瓶颈。另一方面，重视人才的二次培养，注重培养、激励人才以提高知识技能水平，从而创造出更高的社会价值。多学习国内外先进经验，优化人才培养和激励策略。

第十一章　数字经济下财政支出政策

第一节　数字化转型的财政支出政策

一、财政支出概念

财政是国家治理的基础和支柱，政府通过调整财政收支规模和方向部署国家经济社会发展战略。在此认为政府制定需要拨付财政资金实施的政策集合为财政支出政策。财政支出政策是指导财政支出活动的依据，包括但不限于政府为实现政策目标对某个公共基础设施项目的投资，对某类物品和劳务的购买，在某方面对个人和企业的补贴等形式。财政具有公共性，财政支出作为实现各项政策目标的既定成本，应追求成本效益最大化。

财政支出政策可分为总量性政策与结构性政策，二者相辅而行。总量性政策承载着国家宏观远景目标，主要用于调控经济运行情况和把控社会发展方向，可具体分为扩张型、紧缩型、均衡型三类。而结构性政策的靶向性更为突出，主要用于攻克经济社会各领域亟待解决的难题。

产业结构升级是指在一定的经济社会环境中，基于既定的资源条件，产业间生产要素交织互动、产业层次不断发生变化，产业不断提高生产效率，最终实现价值的聚合、流转、提升。西方学者基于对发达国家的研究逐步形成产业结构升级理论。英国学者克拉克研究指出：随着制造业生产效率的提升，更高的人均收入吸引劳动人口向第二产业转移。当人均收入越来越高时，劳动人口便流向第三产业，产业间的主导产业在不断发生变化。

结合其他学者在此基础上的实证研究，逐步形成三产业结构演进规律。德国学者霍夫曼以工业化发展程度反映产业结构升级状况，并将工业化分为不同阶段：

工业化初期：机器刚开始替代劳动，劳动贡献仍处第一位，以轻工业为主导的产业追求总量的增长。

工业化中期：资本不断积累逐步超过劳动贡献，重工业得以发展。

工业化后期：技术进步成为贡献最大的要素，工业结构出现高加工度化。

随着技术推力愈发明显，美国学者贝尔以内生经济增长理论为基础提出后工业化理论，即通过学习和创新，以知识积累、人力资本积累和技术创新为动力源泉，高新技术产业与服务业将成为未来主导产业。在工业化发展过程中，产业结构呈现从低级结构向高级结构的升级规律性，逐步由劳动密集型、资源密集型产业向技术密集型、知识密集型产业升级，由低附加值产业向高附加值产业升级。

相比西方发达国家，我国属于工业化后发国家，在资本和技术积累上处于劣势，高新技术产业发展受国外技术垄断影响，制造业长期被牵制于全球价值链中低端。结合产业结构升级理论和当前数字技术发展热点，我国亟须加快制造业数字化转型。以数字产业的产品和服务推动制造业高端化，以制造业的先进成果支持数字产业发展，从而重构产业生态，拓宽市场边界，提高国际竞争力。

二、财政政策与市场

财政政策是政府处理与市场关系的手段，市场在完全竞争的条件下进行资源配置是有效率的，但现实中难以具备这种充分条件，往往会出现市场垄断、信息不对称、外部效应等形式的市场失灵，此时需要发挥有为政府的作用。

一方面，政府作为市场主体，通过财政进行政府采购和政府购买服务，向市场供给基础设施。

另一方面，政府作为政治机构，通过财政政策等手段对市场失灵进行弥补和纠正。

在政府干预市场的过程中可以表现为有效，但也可能由于决策失误、信息不畅、职能缺位或越位等原因出现失效。因此，在市场自发式成长过程中，政府应当因势而动，与市场协调配合，共同完成资源配置任务。公共产品和公共需要是分析政府财政职能作用于市场失灵关系的关键点。

一方面，由于公共产品具有非排他性与非竞争性等特性，在经济活动中出现外部效应，导致由市场供给是失灵的。在这种情况下，由政府安排财政支出提供公共产品是有效的。

另一方面，从人的需求角度出发，社会公众对公共产品的消费需求也通常由政府来满足，具体包括对教育、医疗等社会公共服务的供给，对基础产业和基础设施的投资等。相对于对物的供给，公共财政更应当表现为"人本财政"。

在制造业数字化转型过程中，财政有义务为数字化宏观大环境的建设供给公共产品，扶持数字化转型中遇困的市场主体，培养全民数字素养，更好地满足社会公共需要，弥补市场失灵。同时，数字化转型带来的数字资源和技术有益于政府准确决策、提升市场监管能力，强化财政支出精细化管理。

三、数字化转型的财政支出政策的现实意义

数实融合已成为我国中长期重大战略，制造业是实体经济的硬脊梁，也是数字经济的主战场，制造业向数字化转型成为必然选择。数字化转型是一个长期复杂的过程，需要有效市场和有为政府联动跟进。当前我国制造业数字化转型整体尚处起步阶段，不确定性与风险性交织，在探索过程中渐显一些痛点问题，市场主动性不足。

为快速解决共性问题，激发市场活力，早日实现规模效应和技术外溢，政府制定了一系列支持政策。而各项政策目标的实现基本都要以财政支出作为资金保障，因此研究促进制造业数字化转型的财政支出政策具有重要现实意义。

作为世界工业大国，我国拥有良好的工业基础，制造业体系相对完备，制造业结构调整不断取得进展，科技创新能力逐渐增强，产业基础设施相对完善，有利于固本拓新，涵育新型制造业生产模式，向数字化转型递进。但同时，仍受一些旧疾新病的牵制，如产能过剩、传统低成本优势逐渐消失、关键核心技术薄弱、制造业和互联网企业融通整合机制不健全、信息安全隐忧、高质量人才匮乏、向高端智能迈进的转型升级动力不足等问题，都制约着我国制造业数字化发展，阻滞其向全球价值链中高端部位攀升。

数字化转型是制造业谋取自身发展的需求，应发挥市场主导和突破作用。但是，数字化发展环境的优化需要政府积极稳妥推进，制造业数字化转型正外部性突出，政府的适度介入有益于国民经济社会整体发展。

纵观国外发达国家在信息技术及相关产业的高速发展及取得的领先成就，都离不开政府的政策引导和财政支持。

　　从宏观角度出发，一方面，制造业数字化转型的多个关键性节点需要财政支出政策强力推进，如数字基础设施建设、核心技术研发、数字人才培养等；另一方面，制造业数字化转型需要多方政策协同发力，财政支出政策在产业、金融等政策间起着乳化互动的作用，如注资于政府产业基金着力于数字平台建设、产业集群形成和产业布局优化等。

　　从微观角度出发，财政补贴、政府采购等财政支出政策可以降低企业创新成本，支持企业内部融资，引导企业投资，进而优化制造业企业融资环境和经营环境，促进制造业企业整合各方资源对数字化转型付诸实践。

　　因此，无论从宏观制造业行业数字化发展角度出发，还是从微观制造业企业数字化转型角度，财政支出政策都发挥着"催化剂"的重要作用。

　　建设数字国家是当前技术快速发展的必然选择。制造业是一国最核心的基础能力，实现数字化转型是我国的一项中长期战略，财政作为国家治理的基础和支柱，对制造业数字化转型可以发挥重要作用。

　　通过对我国制造业数字化转型现状分析和相关财政支出政策内容梳理，发现促进制造业数字化转型的财政支出政策存在的问题及成因，然后通过实证模型分析了财政支出总量和各项功能支出对制造业数字化转型的影响效应，并对国外政策经验进行了归纳，可以为政府在促进制造业数字化转型的政策规划方面提供参考，因而具有一定的现实意义。

第二节　国内外研究现状

一、国外研究现状

随着数字化时代的来临，发达国家早已迅速地抓住数字机遇，将其作为国家中长期的竞争优势和国民经济社会的发展基础。国外学者在分析数字化转型内涵和动因的基础上，对推动制造业数字化转型的政策进行了相关研究。

数字化转型席卷了现代社会，有望改变制造业行业价值创造的整个过程，这种现象在全世界很多国家都可以用不同的名字观察到，譬如北美的"工业互联网"、德国的"工业4.0"、日本的"工业价值链计划"以及"智能工厂"。在此背景下，"数字经济""数字化转型"等术语被大量使用，虽然还未形成清晰的定义，但学者的观点具有一定相似性。

数字化代表着信息处理从模拟格式向数字格式转变，使查找和共享信息变得更加容易；数字化与利用技术和数据改进业务的流程相关联，使工作产出效果更佳；而数字化转型是一个更广泛的术语，是指商业模式活动、流程和能力等都发生变化，充分利用数字技术通过新方法得到新事物和新效益。

数字化转型是采用颠覆性数字技术提高生产率、进行价值创造和实现社会福利，从而为技术创新、商业模式转变和跨行业合作打开新大门。数字化转型包括以下四个要素：

一是目标实体，即受数字化转型影响的单位。

二是范围，即目标实体受影响发生变化的程度。

三是工具，即在目标实体内发生变化所涉及的技术。

四是预期结果，即数字化转型的结果。

基于这些要素，将数字化转型定义为通过组合信息、计算、通信和互联技术使目标实体发生实质性变化，进而改善自身的过程。

数字化转型对制造业的影响是多方面的，虽然数字技术使用可能对企业生产率产生强大的积极影响，但是其在制造业中使用的并不均衡，并给行业带来新的挑战，此时制定和实施有关政策具有重要意义。

二、国内研究现状

当前，我国宏观环境充满了不确定性，制造业发展面临外部环境的复杂性和内部变革的迫切性，亟须进行数字化超前部署，摸清数字时代产业发展的规律性，多管齐下促进制造业数字化转型。对此，学者们进行了众多相关研究。

一些学者从理论角度出发，探讨数字经济促进制造业转型的路径。数字经济嵌入数据信息生产要素，以现代信息网络为推力，凭借数字化车间与智能工厂转变传统工业生产制造模式，用智能生产、网络化协同制造、个性化定制、服务型制造等新模式加以替代，重塑了制造业价值链、产业链。

数字经济短期内可弥合制造业各个环节的信息不对称，实现各环节价值高效转移，长期以来数据作为重要生产要素将直接参与生产带来更多的价值增量，使制造业从价值重塑走向价值创造，并指出数字经济赋能制造业转型的关键方法是融合，即通过数据驱动、创新驱动、需求驱动与供给驱动的路径，促使制造业和互联网、研发端、服务业、新技术互通互融。

数字经济产生的成本节约、规模经济、精准配置、效率提升及创新赋能效应作用于产业高质量发展的机理和路径。

　　以数字经济可推动制造业转型升级的研究为基础，可粗略地认为制造业数字化转型是将数字经济与制造业相融合共同发展。如何促进制造业数字化转型，不仅需要制造业企业内部的数字化管理与应用，而且需要构建数字化转型的有利外部环境。对此，学者们进行了相关研究。

　　基于推拉理论①指出产业数字化转型，一方面，需要数字技术赋能、经济模式变革的内在推力；另一方面，需要治理模式创新、基础保障支撑的外在拉力。

　　基于产业分工理论与产业融合趋势指出：先进制造业数字化赋能要以市场需求条件、技术应用条件、平台建设条件作为支撑，同时要发挥企业家、科技人员等参与者的主观能动性配合实施。财政支出政策是政府发挥经济调控作用必不可少的工具和手段，制造业是国民经济的重要组部分，探讨财政支出政策如何发挥其对制造业转型升级、数字经济发展的促进作用以及影响其作用发挥的因素，是学界的研究热点。

第三节　财政支出政策安排

一、政府需求

　　从政府需求角度，财政主要通过完善与落实支持创新的政府采购制度促进制造业数字化转型。

　　一方面，鼓励政府采购云计算、数字孪生等数字化第三方服务，加大对政府与企业合作开发大数据的支持力量，组建创新联合体，进行工

---

① 　推拉理论：解释了人口迁移的原因。该理论认为，人口迁移的动力由迁出地的推力（排斥力）与迁入地的拉力（吸引力）共同构成。迁入地的一种或多种有利因素所形成的拉力，促使人们迁入。

业软件的推广应用，加强制造业企业提升数字化能力。

另一方面，通过采购制造业数字化转型产出的新产品，向市场传递积极信号，推动制造业数字化新产品研发和规模化应用。

二、企业需求

从企业需求角度，财政主要通过提升企业自身对数字化的消费需求促进制造业数字化转型。

一方面，探索首购、订购优惠等财政支持方式，设立风险补偿基金，扎实推动首台重大技术装备保险补偿的试点工作，分担制造业企业数字化转型的成本和风险。

另一方面，通过用户补贴、财政奖补、试点示范等方式，提高制造业企业数字化转型的主动性。例如云南省设立专项资金对云服务商进行奖补，使其让利于企业，激发企业"上云"的积极性。

三、市场需求

从市场需求角度，财政主要通过发掘我国超大规模市场优势和产业链优势，加快制造业数字化转型进程。

在个人消费方面，一方面，增加民生支出占比，降低居民谨慎动机，提升消费意愿；另一方面，投资新基建，优化消费基础设施，培育新型消费。

在畅通产业链方面，运用政府基金引导等方式，带动"5G+产业链"上下游企业投资建设，支持产业集聚区数字化改造，并加强新产品推介，培育和壮大内需体系。

四、技术支持

从技术支持角度，财政统筹现有资金，对关键核心技术给予连续稳定支持。包括发挥科技计划资金作用，投向智能制造关键共性技术研发和应用示范；增加创新投入，支持工业软件研发推广，推动数字技术成果产业化应用等，敦促制造业数字化智能化改造。

如重庆安排大规模专项支出用于关键技术攻关，支撑制造业企业扩大研发投入，并计划对制造业数字化转型所需的设备和软件投资予以规模化资金补助，创新示范智能工厂等。

五、人才培养

从人才培养角度，财政通过支持高等教育发展和职业技能培训为制造业数字化转型提供人才支撑。一方面，支持高校建立实训基地，鼓励与数字化企业开展产学合作，促进产学融合，做好数字人才供给；另一方面，发放人才补贴引智，开展企业经营管理人才素质提升工程。

如广东省对高精尖的科技型人才发放人才补贴，出资为精英团体、企业家、CEO 等企业管理人进行数字化培训。山东济南每年列支规模资金，围绕新旧动能转换、先进制造业高质量发展等主题，邀请优秀企业家、经营管理者在国内外名校名企参与继续教育、培训指导、交流考察，加强企业家队伍建设。

六、资金支持

从资金支撑角度，稳固中央技术改造引导资金规模，地方政府设立相关专项资金，制定若干扶持制造业企业提档升级的奖励措施，按照形成的地方财政贡献给予奖励，构建数字化转型长效支持机制。政府出资设立引导基金，引导社会资本参与制造业数字化转型有关项目，拓宽融资渠道。

如福建省财政厅组织申报人工智能、区块链、物联网等专项资金，重点扶持数字化转型项目；成都和重庆联合出资工业互联网产业投资基金，引导社会资本推动两地工业互联网产业一体化发展，促进制造业数字化转型。

七、公共服务供给

从公共服务供给角度，财政通过支持数字化基础设施建设，打造数字化平台载体助力制造业数字化转型。财政以服务外包等方式与专业企业合作推动政府数据开放共享和公共数据资源，设立工业转型资金重点支持网络、平台和安全体系建设，降低工业企业内外网改造与应用成本，打造制造业工程数据中心等。

如山东青岛每年安排互联网工业相关服务专项资金，构建互联网工业创新示范平台，总结推广经验做法，引进智能制造服务商，形成智能制造体验线，提供诊断评估和规划设计等相关服务；黑龙江省不断推进工业互联网数据可信交换服务平台、中小企业公共服务平台建设，形成数字化融合发展新优势。

第四节　财政支出政策作用

一、促进制造业发展

为加快制造业发展并推动产业转型升级，学者们从财政支出政策如何促进高质量人才培养、提高企业创新能力、推动产业发展等方面进行了相关研究：

（一）人才培养角度

随着我国经济向高质量转型，经济发展的动力从"人口红利"转向"人才红利"，苏杭等通过考察要素投入对制造业转型升级的影响发现：劳动要素投入的积极效果要高于资本要素投入和科技研发投入，指出要加强高技术劳动力的培养。提高劳动生产率要使人力资本与劳动需求相契合，需要完善财政科教文卫投入机制，继续增加社会保障支出。

制造业转型和技术进步带来的结构性就业矛盾需要发挥财政支出政策的引导作用，如完善高等教育财政拨款制度，提高紧缺专业技术人才的招生财政补贴额度，对师资建设予以经费补贴等，以助力制造业数字化转型所需的高质量人才培养。

（二）企业创新角度

基于财政投资性支出角度，以基础设施投资拉动地方经济增长是地方政府常用的经济刺激手段。基础设施投资短期内会诱发金融市场挤出效应，但当基础设施存量到达一定程度，长期会发挥产品市场规模效应，提升企业研发投资资本回报，为企业技术创新带来积极影响。

具体来说，财政支持可通过直接资金支持企业创新投入和通过打造良好营商环境间接促进企业技术研发。政府财政支持和营商环境对制造业企业创新产出效率具有促进效应。但对不同地区、行业和规模的企业影响存在差异，指出政府应继续夯实科技创新的财政支持政策，并依据企业创新规模等异质性特征，精准设计政府补贴方案。

（三）产业发展角度

财政支出通过乘数效应可对产业发展起到导向作用。财政支出推进制造业由生产效率低的劳动密集型产业向生产效率高的资本和技术密集型产业转型的作用机制。

第一，财政投资性支出通过直接参与市场经济活动或进行资源配置，引导社会生产性资本流动。

第二，财政教育支出通过影响劳动力素质增加人力资本积累；

第三，财政科技支出可以提高社会技术水平，对产业技术水平和创新有显著影响。

第四，过多的行政管理支出可能隐藏着政府的"越位"，不利于制造业结构优化。

产业融合发展对我国制造业高质量发展带来新机遇，财政通过发挥支出政策的乘数效应可以促进制造业和服务业的互动融合发展。

二、促进数字经济发展

数字经济作为一种新经济形态，怎样予以政策支持以及如何支持，还有待厘清认识、分类施策，当前我国学者多通过总结国外经验对数字经济发展提出政策建议。促进数字经济发展应当破除部分政策制度的桎梏，强化数字经济发展的"放管服"改革，利用数字技术建设财政大数据体系，保障财政资金精准投放，让数字财政与数字经济形成良性循环。

我国财政作用于数字经济的消费、生产、市场建设、产业发展生态等多个方面；而数字基础设施建设、数字市场建设、数字人才激励、数字平台建设等是当前我国财政支出政策的主要发力点，但在实践过程中，存在财政支持手段较为单一、对产业发展生态不够重视等问题；通过对国外经验的总结提出要财税金融政策相配合、促动全价值链传统产业数字化转型、完善新型基础设施建设等政策建议。

数字经济根植于信息经济，数据作为关键要素贯穿于信息产业向各领域供给信息产品和服务的全过程。数字化过程即为通过新一代信息技术对数据进行价值挖掘与开发，而数字经济正是将数字化知识与信息视为新型生产要素，借助数字技术工具和信息网络平台与实体经济融合，实现价值增值的新型经济形态。

国家统计局指出：数字经济由数据资源、现代信息网络与信息通信技术三个要素紧密交织形成，并将其范围界定为数字产业化和产业数字化两大部分，前者包含数字产品制造、数字产品服务、数字技术应用及数字要素驱动四大类产业，是数字经济的支柱产业，为后者的发展铺设条件和提供动力。而产业数字化主要是指数字化效率提高，即新兴数字技术渗透于传统产业，使产出和效率得以优化，促进传统产业高质量发展。

制造业数字化转型是指在当前数字经济发展背景下，新一代信息技术在制造领域的融合应用。制造业作为实体经济的基础，同时与数字产业化和产业数字化交织。

一方面，生产处理数字信息相关终端设备、智能设备、电子元器件、集成电路等产品的高技术制造业是数字产业化的基础硬件依托；另一方面，传统制造业与区块链、人工智能、仿真技术等数字技术相融合开展生产和制造活动，实现对市场准确定位、拓展产品功能、提升产品质量和附加值的智能制造是产业数字化的重点发展方向。因此，对制造业数字化转型的评价参考这两个方面进行指标设计。

第五节　财政支出政策的用途

实现社会总需求与总供给的均衡是财政政策目标之一，而财政支出是社会总需求的重要组成部分。财政支出政策运用财政支出与社会总需求二者间的内在关系，对财政支出规模与结构进行调整，从而达到调节社会总需求总量和结构的目的，继而影响社会总供求间的比例关系，均衡供求总量与协调供求结构。制造业数字化转型倚重于数字经济的发展，数字经济作为一种新型经济形态，充满了风险和挑战。

通过扩大财政支出规模的乘数效应，带来社会总需求的倍数增加，可以刺激私人消费和投资，促进社会生产性企业扩张，为数字经济发展注入更多确定性。

然而，需求端和供给端很难单纯依靠财政支出总量政策实现良性互动。其原因如下：

首先，财政支出规模的度难以把握。由于财政支出作用于经济增长的边际贡献率是递减的，为保障需求拉力需不断加大支出助度，但过多的财政支出会使经济发展产生依赖性，扰动市场经济秩序。

其次，财政支出规模扩大诱发利率上升产生的私人投资挤出效应会在一定程度上抵消财政支出的需求拉动作用。

最后，财政收入是有限的。支出一味地扩张不仅会造成资金浪费，还会产生政府债务风险的累积，阻碍财政可持续发展。对此，还需进一步分析财政支出基于不同路径作用于制造业数字化转型的机理。

一、财政支出用于基础建设

制造业数字化转型，基础设施通达要先行。基础设施等公共产品投资金额巨大、耗费时间长、收益不确定、具有一定的风险性，社会资本作为理性经济人主动投资的意愿不强。财政从国家整体发展目标出发，考量到基础设施带来的范围经济进行投融资，将正外部性内部化。财政投资主要通过对传统基础设施补短板和加速新型基础设施建设两个路径作用于制造业数字化转型。

传统基础设施包括交通道路、水利规划、能源动力等设施，对其补短板有利于促进交通循环、物流畅通、人才流动，为产业集聚、形成产业带夯基垒土。基于宏观经济角度，财政对传统基础设施投资在供给侧增加了资本存量，在需求侧通过扩大财政支出规模的乘数效应和加速数效应，带来社会总需求的倍数增加，刺激私人消费和投资，拉动经济增长，为数字经济发展注入更多确定性。

由于社会总资源有限，基础设施建设所需资源较多，政府不断加大投资力度也会导致社会投资贷款机会缩减，产生挤出效应。基于微观企业角度，基础设施可作为制造业企业生产的直接投入要素对企业产出带来促进作用，但财政基础设施投资增加背后也隐藏着产出税收的上升，对企业收入带来一定的负向影响。

新型基础设施主要包括信息基础设施、融合基础设施、创新基础设施三类。区别于传统基础设施，新基建技术含量更高、迭代速度更快、容易因技术壁垒产生垄断，同时硬软结合的新基建受地域限制小，正外部性①更大，更需要政府引导调控。

二、财政支出用于数字技术创新制造业数字化转型

数字技术创新是重要驱动力。但技术创新需要大量资金、时间和精力，而且在实际应用方面面临多重不确定因素，企业出于利益最大化原则难免产生回避心理。根据市场失灵理论，科技创新具有突出的正外部效应和公共产品属性，财政有必要为其提供支撑和引导。

科技支出一方面通过开展技术研发活动，基于向高校拨付基础研究与应用研究经费促进科技知识形成，推动关键技术自主创新；另一方面通过激励企业研发应用，基于专项资金支持、科研奖补、购买优惠等方

---

① 　正外部性：行为人实施的行为对他人或公共的环境利益有溢出效应，但其他经济人不必为此向带来福利的人支付任何费用，无偿地享受福利。

式提高企业参与技术开发和应用的主动性，从而引导技术创新产业化的产业化应用。

政府因制造业层次不同，对其技术创新也具有不同的作用路径。中低端制造业对技术复杂程度要求较低，依靠自发的渐进式技术进步即可较好的转型，此时政府对科技的支持是建立以市场为导向的科技创新机制或其他政策；而高端制造业的科技创新需要强大的自主研发能力和长期技术积累，通过蛙跳式的技术进步才可实现转型升级。关键核心技术还关系着国家战略要求和长远发展，此时需要财政的持续稳定投入做创新保障。

制造业向数字化转型要求融合应用新兴的数字技术，必须依靠财政提供额外的资金支持，一方面，用于制造业数字化转型所需的关键共性技术和前沿数字技术研究，推动整个社会生产技术进步，为企业数字化转型带来正外部效应；另一方面，直接对企业技术研发提供补贴，减少企业数字化转型成本和试错风险，提高企业自主研发和创新的主观能动性。

三、财政支出政策用于数字人才培养

制造业向数字化转型离不开专业人才的支撑，一方面，需要具有数字专业知识的研究型人才开发先进数字技术；另一方面，需要具备数字素养的后备劳动力进行数字化转型具体操作。然而数字经济的快速发展之下，劳动力供需结构性失衡特征愈发明显，需要尽快调整人才培育方式。

鉴于人力资本具有累积性、流动性，政府高度重视对教育长期性和重点性的支持。在强化基础教育基础上，财政支出应更多地用于支持高等教育和职业教育，加快相关数字人才的培育以促进制造业数字化转型。

教育支出是对人力资本形成的直接投入，投向高层次和职业化的教育将使未来的劳动力学习和掌握更丰富的数字知识与技术。

一方面，加强对高等教育数字经济、智能制造等相关专业支持，促进相关文化、知识的传播，使专业学生掌握开发数字产品和服务的数字技能知识，做好数字技术研发人才储备，推动高技术成果转化。

另一方面，为数字化转型中的传统行业的求职者、就职者提供数字技能学习机会，支持以数字化转型需求为导向的职业人才培养机制，同时强化对中低技能劳动力的数字技术培训，进一步促进传统产业劳动力数字素养和技能提升。

此外，使培育的数字人才匹配相应岗位、实现自身价值，单凭企业自身力量外招内培是远远不够的，还需政府以构建就业高端服务平台、打造人才培养基地等方式，集聚海内外高潜人才，做好人员培训，进一步化解数字化转型带来的就业结构转换问题，使积累的人力资本真正促进制造业企业数字化转型。

四、财政支出用于生态治理

制造业数字化转型，要以良好的数字生态环境涵育。数据是制造业数字化转型的关键要素，随着数据推动的资源流动加速，数字经济井喷式发展，政府要与时俱进，廓清职能定位，对数字经济市场加以激励约束，予以监督保障。

财政在维持政府日常运转、进行社会和法律管理等方面的行政管理支出，以强化数字治理为路径，辅以各要素流通发展良好的生态环境，从而促进制造业数字化转型。通过打造数字政府，加强对数字资源的规划建设，探索构建数字生态规则体系，将政府数据与社会数据互联共享，释放数据红利，有助于深化大数据在企业生产方面的应用。

针对企业数字化转型过程中出现的数据安全和产权权属等问题，通过修订相关法律法规等方式，加强对数字经济市场秩序的维护，保障市场主体权益，强化制造业向数字化转型的网络信息安全保障。最终实现以制度的形式规范并稳定数字经济下政府、市场和社会的关系。

第六节 存在的问题及建议

一、制造业数字化转型现状

数字化浪潮涌动，我国制造业数字化转型已有一定成果，但仍面临各种亟须攻克的难点，在关键驱动要素技术、人才、资本、数据上都还存在一些问题：

（一）创新不足

过去，我国制造业竞争优势来源于人口红利，劳动密集型的传统制造业发展很快，但自主创新积累不足，技术投入偏低。尽管当前我国制造业数字技术研发与应用已获得长足的进步，但尚未占据数字技术和产业的制高点，高端制造业的核心部件、关键技术以及研发技术的精密仪器都依赖于海外进口。囿于发达国家技术锁定，我国制造业被困在全球价值链中低端。为了加速我国制造业数字化转型，还需不断向内突破关键共性技术，建设智能制造技术体系，尽快实现核心零部件国产替代并迭代创新。

（二）转型成本高

制造业数字化转型是一个长期系统工程，企业实施数字化转型升级将在数字化设施配置方面花费巨大的成本，在组织管理方面投入更多心血，然而生产成本减少，企业效益提升等利好非短期内可以实现。而且率先进行数字化转型的企业可能很快被行业内其他企业模仿赶超，造成投入产出比失衡。所需投资大，转型见效慢，使得传统制造业企业选择数字化转型的主动性不足。2020 年以来，我国制造业企业营收在生产供应、市场分销等方面遭到疫情冲击，很多传统制造业企业规模较小、运营方式单一，企业资金链趋紧，短期偿债能力减弱，难以承担前期数字化转型沉重的成本，导致数字化转型投入不足。加之外部融资准入门槛过高、标准缺失或不统一，融资渠道有待进一步畅通，在一定程度上使得制造业企业向数字化转型和应用的难度大。

（三）缺乏专业性人才

芯片短缺一直制约着我国制造业的发展。当前我国芯片"卡脖子"的原因不在于设计而是制造，导致技术研发出来难以实现量产，相比芯片设计人才我国制造业机台设计人员更为短缺。尽管我国高校毕业生逐年增加，但由于教育模式变革落后于数字化人才标准更新和技术标准提升，人才红利不能充分释放。

数字化转型也对制造业企业中高层管理人员综合能力作出更高要求，需要企业管理流程、组织结构与企业文化等软实力以数字化转型为契机进行相应的转变，但目前很多企业尚未形成数字化转型理念，仍因循守旧，未能自上而下推进数字化转型。

（四）信息安全有待改善

制造业向数字化转型需要获取和整合数据资源，需要丰富的产业链上下游企业信息、政府政策信息、个人基础信息等进行智能决策，将这些数据资源进行共享互通才能提升运营效果。但当前"数据孤岛""数据烟囱"等问题尚未完全解决，相关解决方案内容芜杂，呈碎片化，企业聚合内外数据缺乏统一的共享平台。

另外，制造业数据囊括设备、产品、运营、用户等多个方面，可能出现为谋取商业利益滥用数据权力的现象，使得多方权益受侵。而且数据如果被泄露和篡改，可能导致企业决策、生产、服务过程出现混乱，甚至威胁企业安全、用户安全、关键基础设施安全，虽然已采取部分安全措施，但信息数据有待进一步的管理保护。

二、政策建议

为了解决财政支出政策实施过程中出现的低效错位问题，应当加强政策的整合创新，提高政策同数字化转型的适配性，做到以下四个方面：

（一）明确转型路线，整合政策体系

构建财政支持制造业数字化转型的政策关系矩阵。不断完善制造业数字化转型顶层设计，进行缜密的总体规划，然后针对关键产业、企业着重突破，从点到面分步实施，最后根据实际发展情况全面推进。基层政府制定细致的执行程序，主管部门跟进后期督导，以探索、试点、推广、普及的有序推进模式促进制造业数字化转型，确保企业快速洞悉国家政策，减小政策传导的时滞性。

对于数字化发展良好的地区着重提高工业互联网的渗透性，财政重点助力于智能制造产融基地落成等；对于数字化发展较为落后的地区则继续推进数字装备引进和工业园区改造，财政给予基础零部件专项支持资金等。

（二）找准问题源头，按需精准施策

针对企业转型面临难点，优化政策落地路径，推动财政直达资金机制实现扩围，切实提高企业获得感。

首先提高政策可操作性，做好国家、产业、企业间的政策衔接，规整出一套权威的数字化转型流程和标准，指引企业转型。

其次是增强政策的精准性，根据制造业不同细分行业的特点制定具有靶向性的政策，特别是对骨干企业、瞪羚企业实施一企一策，并设立专业化服务机构帮助企业申请优惠政策。

最后强化政策灵活性，运用数字政务一体化平台，从企业切实需求发轫，通过大数据智能筛选和推送适宜的优惠政策，并简化申报流程提高政策利用率，探索以奖代免等新扶持方式，充分调动企业创新积极性，推动数字化转型。

（三）创新政策工具，财政金融相结合

制造业企业向数字化转型的融资渠道至关重要，财政要重视企业外部经营环境的状态，发挥财政政策的内在张力，降低企业融资成本，提升资本市场竞争性。如以财政资金杠杆撬动的社会投资引导基金，与融资担保公司合作的贷款风险补偿金等。

通过投贷联动方式，依托政策性担保机构的财政担保资金池对普惠小微企业贷款信用风险进行担保，对承销相关债务融资工具与信贷产品的金融机构进行奖补，并重视对数字化转型项目的专项贷款利息补贴，实现财政和货币政策创新工具同频共振，带来滚动投资的连锁效应，以此降低融资成本，优化制造企业数字化转型营商环境。

（四）汲取国际经验，加强国际合作

国际经济形势变化复杂，更高水平的外循环是当下我国构建新发展格局的重要内容，应积极学习国外先进数字技术理论完善我国数字化理论体系，跟进国外实践进展并从中汲取可靠经验，对标国外数字技术创新进行自主研发。我国将进行更深层次的对外开放，发挥工业门类齐全、市场需求大、消费端数据丰富等优势，积极组织动员与其他国家开展数字贸易合作，共建平台畅通数据跨境流动，推进各国优势互补，集智聚力建设数字丝绸之路。

在当前我国经济发展面临多重压力的形势下，财政支出政策不断加码，为规避隐性债务风险，应加强预算约束，突出财政可持续性与精准性。

第一，避免过于依赖短期化的对策措施，加强财政资金中长期规划，全程监控资金使用绩效与中期成效，盘活闲置资产，整合有限财政资源，确保在风险来临时有充足的预备资金，并为长期推动制造业数字化转型勾画全面的财政制度地图。

第二，把钱花在刀刃上，根据制造业细分行业的特点进行精准支持，用好财政直达资金的示范作用，发挥鲇鱼效应带动行业内其他市场主体数字化转型。

第三，加强财政支出绩效管理，可通过"拨付大专项资金+部门项目清单"的方式，提高各项目间资金调度的自由性，减少资金淤积，避免资金涣散，实现行政部门内生性的自我管理。避免形式主义的"痕迹管理"，切实将项目评价结果和资金安排挂钩，让财政绩效名副其实，以此缓解地方财政紧平衡。

数字财政建设对财政支出的乘数效应发挥大有裨益。数字财政可有效解决与社会公众间的信息不对称、服务不到位等问题，能够显著提高财政治理能力。即在数字化时代，依托智慧平台让财政数据充分涌流、充分应用，实现对资金的精细化管理，让公共服务更加精准。利用新一代信息技术推动预算管理一体化改革，对政府实现收支及治理的一体化管理也有重要意义。

通过"制度+技术"机制，能够顺向衔接和控制上下级预算资金的使用，加强支出执行的约束力；同时，也能基于资金的批复、执行、结转等全生命周期过程的动态监控实现逆向反馈，使财政支出更加公开透明，为制造业数字化转型提供丰富的财政信息支撑。

第十二章　旅游业数字化转型

第一节　旅游业数字化

一、旅游业数字化转型概念

数字化转型，从宏观层面来看，当外在社会环境改变时，国家或地区会根据自身的地区发展状况，制定符合当地实际情况的特定的产业政策或金融扶持政策，支持原有产业发展数字化商业模式，改变其原有的产业规模、结构、组织方式等。从微观层面来看，企业根据实际情况重新配置生产要素，统筹规划合理使用生产资源，寻找新的增长点，避免产业停滞、衰退，甚至退出市场。

旅游业数字化转型是在数字背景下，依托数字技术将信息数字技术应用到现实旅游活动的各个环节，线上线下在互动中趋于统一，从而在市场规模、组织方式和发展模式上进行革新，重塑旅游产业。

二、旅游产业的特征

产业与人一样，也是有生命周期的。任何产业都会因为这样或那样的原因被新的产业取代。产业发展一般要经历形成、成长、成熟和衰退四个时期，具有明显的周期性规律。

旅游产业作为依靠资源型产业在不同时期的特征不同：

第一，在产业形成期，往往出现资源的粗放利用。

第二，在产业成长期，产业规模扩张，规模经济效应明显。

第三，在产业成熟期，由于规模报酬不再递增甚至出现下降，产业盈利能力下降。

第四，在产业衰退期，有些产品脱离了市场需要，产业收益下降。

产业进入衰退期后，产业急剧萎缩。此时，如果产业还未升级或接续替代产业还未形成，那么基于自然资源优势而形成的产业，也会因为过度开采消耗导致自然资源数量减少或质量下降而退出市场。

作为现代社会发展和信息技术变革的必然产物，数字技术在社会经济的各个领域中广泛被应用，不仅推动各个产业融合和持续创新，还通过数据流通和共享疏通产业供应链上下游提升产业价值链，成为推动经济增长的主要动力。文旅部提出，在旅游领域大力发展信息技术，通过创新智慧旅游服务模式加快数字经济与旅游业的融合，推进旅游数字化转型升级。因此，探究旅游业数字化转型问题，是数字经济时代发展旅游业的应有之义。

数字技术主导数字经济快速发展，通过数据流进行信息共享，打通上下游产业链，依托大数据挖掘消费需求，以消费需求和市场为导向，提供高质量供给，推动产业壮大和融合发展，为经济持续增长注入新的动能。从某种意义上说，旅游业是一种依托于信息的服务产业，与现代信息技术有着天然的相适应性。

随着我国产业结构的转型升级，第三产业不断壮大，居民不再满足于吃饱穿暖，而是更加注重精神生活的追求，居民在旅游方面的支付能力不断增强。数字技术持续渗透到实体经济从生产到销售的各个方面，直接或间接地推动产业持续创新，完善基础设施，改进服务质量，为我国供给侧结构性改革提供了坚强的技术支撑。在数字技术融入产业发展的模式下，数据的畅通与信息的对称，根据消费需求供给旅游产品与服务，提升旅游供需适配性，让旅游变得越来越简单便捷、省时省事，更加安全。

在数字经济快速发展和供给侧结构性改革的驱动下，我国规划发展"智慧旅游"，构建全新的商务旅行和居民观光休闲旅游融合的现代旅游市场，是适应新消费的发展趋势，也是经济高质量发展的必然选择。

我国旅游业借助传统旅游资源，拓展自然、人文景区资源。伴随我国数字技术驱动旅游有效市场需求的各要素不断完善，有效增进其与自然、人文、社会的沟通，转变旅游业的发展模式。

第二节 存在的问题

从无到有、从小到大，40多年来，中国传统旅游业蓬勃发展，不断嵌入改革开放和经济社会发展的进程，不断调试和提升旅游业的定位。时至今日，国家推出发展"智慧旅游"等主张，将催生旅游业变革旅游发展模式，产生旅游产业的新场景，为旅游产业提供过多可能性。在此情况下，有必要对改革开放40年来旅游业数字化的发展历程进行梳理，总结发展经验，为中国旅游业数字化进一步发展奠定基础。

数字技术推动旅游产生新的发展业态，革新商业运营模式。在旅游数字化转型过程中，数字创造了庞大的市场机遇的同时也面临着许多挑战。特别是受疫情影响，旅游业整体下滑严重，对旅游业数字化转型面临的挑战进行分析对恢复市场显得尤为重要。

一、交易平台增速下滑

中国在线旅游市场交易规模不断增长，但增速有所下滑。随着抖音、快手等社交平台的涌现，在线旅游平台面临着失去部分流量的困境。

一方面，平台交流机制低效，产品同质化严重。随着大数据、人工智能化等数字技术的发展，旅游消费者追求更高质量的旅游产品和服务。在竞争白热化的当下，不同平台的产品呈现出同质化的特点，也容易因竞争而带来价格战扰乱市场秩序，带来恶性循环。

另一方面，平台监管力度不到位，侵犯消费权益导致投诉高。各个旅游电子商务平台尚未建立统一的管理标准，市场客体体系不健全，政策和法律急需完善。"电诉宝"是国内唯一一家专业消费纠纷调解平台。

2021年数据显示，退款问题、霸王条款、订单问题、售后服务是一直以来的热点投诉问题。随着在线旅游平台的发展，旅游产品或服务的销售不再局限于单一的渠道。由于缺乏相应的监管力度，平台很容易利用网络技术泄露消费者个人信息，侵犯消费者的合法权益。旅游消费者为了保护个人隐私等而放弃使用在线平台，阻碍了旅游数字化发展。

二、商业模式改造速度慢

依靠旅行社和景区的资源驱动型发展模式，传统旅游业绕不开旅行社这个中间商，其资本有机构成长期低于各行业的平均水平。因此，相对其他行业，技术进步对旅游业的影响明显较小，其商业模式的改造速度也相对缓慢。

一方面，旅行社对于数字化的需求弱。目前国内旅行社还是以中短途接团为主要利润来源，中小企业规模居多，不足以支撑数字技术的应用与数字产品的研发。另外，旅行社作为传统旅游产业上游资源的整合者，在旅游数字化转型中首先享受到了交通、景区等数字化发展带来经济短期的增长，使得旅行社存在安全区，数字化转型动力不足。

另一方面，当前景区市场缺乏活力。其主要表现在景区服务管理的混乱低效率和产品内容的同质化。很多景区由于历史遗留等问题，管理层人员众多，大大增加了景区的运营成本。旅游高峰期景区超负荷运转，游客在景区排队的现场秩序混乱，不能保证游客的正常游玩和食宿。产品的内容同质化。许多富有文化、历史背景的景区，为了盈利，开始照搬一些"网红景区"的元素，对景区进行了过度化的商业包装，造成景区同质化严重，导致游客满意度直线下降，从而也影响了景区的口碑。

三、缺少相关人才

旅游业数字化带动了整个产业规模的扩大和产业效率的提升，数字化业务的发展必然离不开高学历、高科技的人才队伍做支撑。数字化人才直接影响到旅游业数字化转型的成效。但现阶段我国旅游业就业人员中缺乏专业技能强的应用型人才和数字化复合型人才，难以达到数字化发展的需要。在此种情况下，必然会阻碍旅游业向数字化转型的进程，形成数字化转型中的又一困境。

一方面，数字化人才技能不高。数字化人才技能不高直接影响旅游业数字化转型在数字化人才的质量上陷入困境。其中，原有旅游业从业人员缺少关于数字化技术的知识，而掌握数字化技术的人才具有不同的工作经历和教育背景，对于旅游业相关知识储备不足、技能不高，使得数字化人才难以完成对旅游产品的数字生产、加工和创新，使得旅游业数字化转型中内容生产效率降低，导致产品同质化。

另一方面，数字化人才储备不足。数字化人才储备不足直接导致数字化人才难以满足对数字化人才的需求，难以在短时间填补数字化人才的缺口。其中，最为关键的是高等院校的专业设置与社会数字化人才需求难以接轨。高校设置旅游管理等专业，却缺少与旅游数字化转型密切相关的专业设置，导致高等院校向社会输送的人才难以满足数字化转型的需要，造成数字化人才储备不足。

数字化转型是利用数字技术全方位重塑产业价值创造的过程，将互联网、大数据、人工智能等数字技术运用到实体产业，改变原有的经营思维和业务流程，重建组织架构和创新发展模式，从而实现产业在数字经济背景下的创新发展。数字化转型过程建立大数据平台，有利于打破时间空间限制，畅通数据共享，改善企业之间和行业之间的数据流通，高效应用数据提高企业间、行业间的沟通效率。

对旅游产业数字化转型要持有一种原则，即不仅要将数字技术融入旅游业，还要在重新定义旅游业发展模式中减少对传统旅游产业的破坏。但现有研究都局限于数字化、信息化对旅游业的影响研究说明数字化演变、产业经济效益的关系，缺少了对旅游业数字化转型影响因子的相关研究。因此本文基于新时代特别是当前的背景下，采用熵值法测算现阶段旅游业数字化水平，通过灰色关联度分析旅游业数字化转型的影响，并给出旅游业数字化转型的发展路径。

第三节　旅游业数字转型的三种模式

一、线上线下融合发展

龙头景区作为传统旅游发展的核心动力在旅游数字化转型过程中依然发挥重要作用。统筹规划区域内的各项资源，包括自然、人文、政府、区域特色等，把整个区域看作一个大景区来规划、建设、管理和营销。整体规划形成区域内龙头景区，将龙头景区作为核心推动力量，吸引投资，建设数字基础设施，将云计算、5G、互联网等新兴技术融入智慧景区建设中，推动线上线下融合发展。以游客服务为核心，开发高端、高质量线上版本，优化公共服务设施，形成"综合产业综合抓"的工作机制，创新数字经济产业发展的新产品和新服务。

二、自然资源和人文资源为基础

以自然资源和人文资源以及民族特色资源为基础，大力推动数字技术在现代旅游业中的应用。深入挖掘研究文化内涵，塑造特色旅游产品品牌突出地域特点，进行差异化发展，提升其旅游价值，丰富旅游产品供给，吸引旅游消费者。实现旅游资源数字化管理，建立大数据库实时分析变化，为旅游消费者提供个性化的最优服务，从而推动旅游业的组织变革和模式变革。

三、充分利用智慧城市背景

智慧城市是利用数字技术高度集中人类社会的城市，通过提供智能基础设施，改造城市核心功能，提高运营效率从而改善基本民生服务。以智能基础设施为前提的智慧城市为智慧旅游的发展提供客观条件。在智慧城市背景下，旅游使得智能基础设施的服务对象不断延展，依靠智能化方便旅游消费者游玩，增加当地旅游产业效益，政府有足够的财政收入，又会投入智能化建设，推动当地经济进入良性循环。

随着智慧城市发展与智慧旅游建设逐渐融合，旅游依赖于城市的智慧设施提高服务水平，智慧城市则通过旅游资源开发进一步拓展城市功能，这将是智慧城市发展与智慧旅游建设的新方向。

旅游产业作为一个复杂的庞大产业，除了有一般的产业基本特征外，还具有自身的产业特性。推进旅游业数字化转型发展，必须在旅游活动基本规律研究和认识的基础上，拓展产业经济学研究范围，研究数字经济与旅游业的产业融合，推进旅游产业数字化转型。

　　加强对旅游业数字化转型的经济研究，既是产业经济理论的需要，也是我国旅游产业发展的实践需要。推进旅游业数字化转型有助于旅游业适应数字技术快速发展带来的新变化，为进一步发挥旅游业在我国经济高质量发展中的重要作用。

　　一方面，数字技术改造了旅游业的发展环境，催生了旅游在线活动。以数字技术应用为基础，改变传统产业原有的技术结构和劳动力结构，降低了业务成本，提高了产业效率，增加了产业的经济效益，使得企业组织面临变革。以百度、阿里巴巴、腾讯为代表的互联网企业突破所在产业的限制，整合创新出新的商业生态，不断扩大业务范围，冲击传统企业在行业中的地位。面对数字经济的快速发展，一些网络平台公司创新企业组织方式，融合线下业务和信息技术，试图联合相关企业来拓宽企业的经营边界，抢占市场份额，在市场中保持竞争力。

　　另一方面，数字时代改变了旅游消费者的行为倾向，旅游产品面临转型。数字时代的旅游消费者行为不再受限于旅游中间商，选择权范围扩大，可以通过信息对比做出最优的选择。同时，消费者由信息的被动接受者变为新的传递者、产品的创造者，旅游产品面临转型。原本消费者不再满足于以低成本为导向的标准化、统一化的旅游产品，而是追求个性化旅游。借助现代数字技术，消费者在网络平台参与产品设计。旅游企业根据游客的信息反馈生产游客所需要的高度定制化的个性旅游产品，满足消费者个性化需求。

　　随着科学技术的升级发展，国家对"互联网+旅游"支持力度的加大，为中国旅游产业创造了庞大的市场机遇，旅游业数字化展现出强大的韧性和发展的活力。因此，研究旅游业在数字时代的转型升级，使得数字技术成为旅游业发展的重要驱动力，探索旅游业数字化转型的发展方向，从而大力推动供给侧的结构性改革，促进旅游产业的升级蝶变，具有重要意义。

旅游是一个复杂的系统，不仅涉及人与自然的关系，还涉及人与人、人与社会的关系。因此对旅游数字化转型的影响因素进行分析，不仅要涉及旅游相关产业发展状况，还要考虑到社会经济的发展状况。而在经济学研究中，难以覆盖全部因素来研究旅游的数字化转型问题，这就导致了定量研究旅游业数字化转型问题存在较大的阻力。

在线旅游水平与其他层级指标关联程度从大到小依次为：信息技术水平>基础设施>发展潜力水平>可持续发展水平。

可持续发展水平与其他层级指标关联程度从大到小依次为：发展潜力水平>在线旅游水平>信息技术水平>基础设施水平。

旅游业数字化转型过程中，在可持续发展水平方面，旅游业的有关活动的关联度略低于其他指标。现阶段，可持续发展对旅游业数字化发展的关联度降低。相比之下，信息技术与可持续发展的影响要稍稍大一点。换句话说，信息技术的发展能够在旅游业数字化发展的过程中促进生态环境的可持续发展发挥更大的作用。

为了转变传统旅游长期依托资源来发展产业的经营模式，旅游业数字化转型过程中应积极地推进生态环境保护，改变过去传统旅游生态环境破坏和能源过度消耗的局面，建立长效生态环境保护机制，促进环境保护和生态文明建设。

基础设施水平与其他层级指标关联程度从大到小依次为：信息技术水平>在线旅游水平>发展潜力水平>可持续发展水平。

消费者、旅行社、景区都是传统旅行社的基石，三者在旅游业数字化转型过程中对旅游活动的刺激仍然具有实际意义，在旅游业数字化发展过程中的影响仍不可忽略。其中，信息技术水平的关联程度最大。

一方面，信息技术越发达，产业规模也会迅速扩张占领市场；

另一方面，产业规模越大，信息技术的发展也好。

随着互联网发展，人们可以轻松地从网上获取旅游目的地的攻略。越来越多的消费者越过旅行社，选择自驾出行等轻松、自由的出行方式。

第四节　政策建议

数字化转型本质上是将数字化的知识和信息为关键生产要素应用到实体经济，在新一代信息技术驱动下革新业务、管理，创新商业经营模式。

为了更好地促进中国旅游业数字化转型，根据前文对我国旅游业数字化发展的分析和测度，借鉴发达国家的相关经验，提出了依靠数字技术推动旅游业数字化发展、依托消费需求升级旅游产品与服务、优化旅游产业组织结构等发展对策。数字时代，互联网、大数据、区块链等数字技术推动国民经济各行各业进行数字化升级。

将科学技术应用于旅游业，既能极大地降低无效产品供给，提高旅游业生产效率，又能给旅游消费者带来便利与安全、降低旅游成本，还可以推动旅游业的组织和模式变革。

一、完善基础设施建设

旅游产业在具体实现数字化转型的过程中，首先要考虑旅游数字基础设施是否完善，能否在此基础上支撑旅游业大刀阔斧地改革。数字化基础设施具体包括 5G、人工智能、大数据、物联网、云计算等多个方面。通过景区等数字化基础建设，既能保证景点旅游的传统优势，又能开拓新的消费增长点，吸引潜在旅游消费者，使旅游产业广覆盖、高可靠、低延迟的需求得到高度满足。

云旅游是为一些无法开放的景区或者保护文化古迹而兴起的一种体验经济。利用大数据平台、4D 技术、VR 技术等新兴信息技术的支持，引导消费者利用图片、视频等手段欣赏各地风景，融合线上和线下资源给消费者丰富的在线体验。

首先，针对自身具体情况，各个景区使用互联网技术为自己服务。发挥传统旅游媒介的效用，加强与现代信息技术的联动。利用复播和直播、小程序、公众号等多种形式，使游客对数字化旅游产生更为充分的认识。游客可以在网络平台中形成新的旅游体验，扩大了游客的需求，促进了旅游产业的发展。

其次，对于拥有一定资源的文化旅游欠发达国家和地区，要重视网络布局和基站建设，加强智慧化基础建设，确保大数据应用到旅游产业，是实现旅游业跨越式发展的重要一步。

二、壮大人才队伍

数字时代裹挟着旅游业数字化转型，就意味着对于数字化人才的需求巨大。旅游业数字化转型过程中需要跨领域的复合型人才，其不仅需要具有较高的数据分析能力的数字、信息技术领域的人才，同时还需要具有旅游理论和专业知识的旅游管理人才。

培育数字人才队伍，要完善人才的引进、培育机制，建立人才培养工程。

首先，充实数字人才队伍。对于现有的旅游业从业人员，应加大数字技术、数字知识的培训力度，提高其数字化素养，使其满足旅游业数字化发展的要求。同时，引进数字经济发展建设专业人才。科学构建人才互助机制，帮助其他行业的从业人员快速适应跨界就业，引进带着原有行业的知识、经验和技术，助力旅游产业数字化转型。

其次，完善人才培育机制。在我国旅游产业数字化转型过程中，培训机构需要有效结合科技进步和时代发展，转变传统教学方式，制定科学的人才养成方案，强化因材施教，确保能够培养更多的复合型人才，满足现代旅游产业发展需求，充分掌握数字化技能。

最后，建立人才培养工程，联合高校进行相关专业的合理设置，开展专业培训，培养更多的复合型人才，为行业发展提供更大的动力，进而确保数字旅游行业具有更大的发展空间。

三、加强监管力度

旅游消费者对在线旅游平台从怀疑到考量，从尝试再到依赖，这体现了消费者越来越重视在线旅游平台的资讯。然而，在线旅游平台的快速壮大，甚至有垄断趋势，也使得消费者在旅游消费中开始考量旅游产品的安全性问题，即在线平台是否能够保障旅游消费者的合法权益不受侵害。

在线旅游平台应该保持审慎原则，形成自纠机制，将其旅游产品的详细信息在平台进行公开，使其透明化，赋予旅游消费者监督权力，使其放心、安心。政府与社会组织共同发力，加强在线旅游平台的监管，为消费者提供合法保障。

一方面，政府与社会组织共同发力，加强在线旅游平台的监管，防止市场垄断和市场失序。可以从以下两个方面展开：

第一，要依法建立独立的旅游系统监管机构，负责检查和规范企业行为，防止平台垄断数据导致市场垄断和市场失序。

第二，引入社会监督机制，通过网络平台、投诉热线等渠道收集民众意见和建议，邀请专家指导制定行业行为规范，提升旅游服务质量。

另一方面，加强对企业知识产权的保护。对加大数字研发的企业进行税收减免或给予奖励，扩大其社会影响力。强化知识产权保护，确保能够对各种创新行为进行有效的鼓励和保护。

另外，为了助力旅游目的地向智慧旅游的发展，旅游目的地应该适当的整合线上线下资源，建立一套综合数据分析平台。采用数字处理构建消费者画像数据库，保障游客出行安全，在遇到紧急情况时能够使用大数据协调资源，增强应对突发状况的能力，提高旅游产业整体的运作效率，方便政府和社会各界监控旅游业发展情况。

四、多元合作

产业的发展壮大离不开各个市场主体的分工与合作。在旅游业数字化转型的过程中，任何一个主体职责的缺失都会降低整体产业转型的成效。只有每个环节正常运营，才能保证产业在良性发展的基础上实现数字化转型。因此，需要激发多元主体的数字赋能，将旅游产业的每个环节都融入网络生态环境中，实现旅游业数字化转型叠加效果。

（一）开发智慧服务，推动景区和酒店数字化建设

在疫情蔓延的情况下，景区和酒店的数字化对疫情防控具有重大意义。消费者必须"扫码"入住酒店或进入景区，数据上传平台。如遇紧急情况，能够从大数据平台快速找到个人信息，将疫情风险降到最低。从线下旅游管理角度来看，旅游景区是实行实名登记制度，能够实时监测人流量，有效控制景区容纳限度，方便旅客进行线上预约，促使景区升级数字化管理；从旅游产品供应商角的度来看，旅游消费者能够通过旅游在线平台供应商获得旅游资讯，通过旅游笔记分享、直播等获取最新、最切实的旅游消费感受，激发旅游消费者的旅游热情。即使是在疫情防控期间，消费者不方便出行，也可以在家通过虚拟技术线上计划旅

游出行路线，制定出行计划。

（二）利用网络平台，开展网上便捷服务

追求自由的"90 后""00 后"成为旅行的主力军，与互联网一起成长，对旅游产品的需求更倾向于个性化，企业因此面临旅游产品需求和消费层次的升级问题。相关旅游平台要全面整合企业线上线下资源，建立旅游综合服务平台，进行旅游产品线上宣传和营销，将原有线下导游服务通过语音、微视频等方式转到线上，利用大数据精准投放旅游广告，实现智慧宣传、全景营销等多项功能，为游客提供智慧服务，实现旅游数字化发展。

网络平台根据大数据计算与分析，为自由出行的游客推荐高度匹配的网约导游，游客可以通过线上平台直接与网约导游沟通，使旅游更加私人化，满足游客个性化需求。

（三）打造线上博物馆

开发博物馆等文化资源的高质量线上版本，景区、博物馆应用数字技术进行数字化建设，重视科技、文化与旅游产品融合。

推动线上博物馆发展，注重挖掘文化内涵，加强科技、文化与旅游产品融合。积极开发建设重点景区，推广博物馆高质量线上版本，方便旅游爱好者提前做攻略。推广无缝旅行体验，积极挖掘其历史和文化价值，使用新技术，打造特色 IP，为推动旅游业的组织变革和模式变革提供产品支持。

五、优化产业结构组织

数字化转型最重要的就是通过数字技术优化旅游产业组织结构，催生新的发展模式。长期以来，我国旅游依靠景区驱动产业发展，因地制宜建立旅游企业，造成了产业组织结构过于分散，各景区间缺少交流与合作使得企业规模偏小，容易导致在区域内形成垄断。

在线旅游平台的兴起打破了企业垄断地方旅游，但可能形成了"赢者通吃"的现象，形成更大的垄断，使得地方旅游企业竞争愈发激烈。因此，要想实现旅游业数字化转型必须优化产业组织结构，可以从以下两个方面展开：

（一）扩大旅游企业规模

随着在线旅游平台整合各种旅游信息与产品加大了对旅游产值的贡献，不断给予旅游消费者便利，使得旅游消费者对在线旅游的认可度提高，在线旅游在产业效益的贡献越来越大。因此，培育大型旅游企业集团，通过股权募集资金扩大企业规模，有利于大企业整合上下游资源，延伸产业链，实现企业规模经济效益，促进旅游业数字化转型发展。

（二）对中小旅游企业规范管理

目前，我国旅游产业组织结构过于分散，众多中小企业在传统旅游时期依托景区等自然资源、人文古迹等历史资源建立起来，对旅游市场产值的增长做出过贡献。然而，各地域中小企业规模偏小，无序竞争严重阻碍了旅游业的发展。旅游市场长期粗放式发展，使得自身抵御风险的能力不足，难以应对不稳定的经济环境。2020年突发的疫情使得很多中小企业难以承受旅游市场的"冰寒期"而申请破产。因此，通过兼并重组中小旅游企业优化产业布局，统一管理，实现资源有效配置，积极鼓励龙头企业研发核心技术，发挥其抵御市场风险的作用，避免市场过度竞争和无序竞争。

兼并和重组中小旅游企业的主要目的在于统一管理、规范经营，并不是要收购甚至取缔中小旅游企业。龙头企业负责研发创新，中小企业负责专业化，中小旅游企业联合重组。依托景区和文化等资源型而建立的中小企业在区域内已经集聚规模，形成一定程度的产业集群。

第十三章　建筑企业数字化转型

第一节　建筑企业概念

一、概念

建筑企业是指以工程施工为主，从事包括房屋、路桥、市政等在内的土木工程、建筑工程、管道设备安装工程等的各类建设的企业。

建筑企业的业务包括铁路、公路、隧道、桥梁、堤坝、电站、码头、机场、运动场、房屋等土木工程建筑活动，电力、通信线路、石油、燃气、给水、排水、供热等管道系统和各类机械设备、装置的安装活动，以及对建筑物内、外装饰装修的设计、施工和安装活动。

按照国民经济分类标准，建筑业构成可以划分为房屋建筑业、土木工程建筑业、建筑安装业以及建筑装饰和其他建筑业四大类别。相比于其他制造业，建筑企业具有个体差异性、高风险性、流动性、投入资源巨大、劳动密集型等特点。

目前，对于企业数字化转型尚未有统一的定义，学者们对此都有独到的见解。查阅大量文献的后可以发现，数字化转型并不是简单的实现企业信息化建设，数字化是信息化更深的阶段。数字化转型的目的是打破企业内部各部门间各自为政、沟通效率低下、信息传递不畅的局面，实现对企业组织、管理、流程等的重塑，将企业信息以数字的方式呈现出来，让信息在整个企业内部进行流转，从而精简业务流程，提高资源配置效率。

其根本目标是业务重塑，技术只是数字化转型的手段与工具，企业想要成功实现数字化，首先要明确核心目标，不能本末倒置。

二、建筑企业数字化

建筑企业数字化转型包含企业管理理念、生产方式、经营方式、组织架构、人员调整、相关方关系等多个方面，涉及 BIM、区块链、物联网、大数据、人工智能、3D 打印等多项技术手段。既要求企业有强大的经济基础支撑数字化技术，又要求企业有相应的技术人才、管理能力以及改革创新能力。建筑业相对于制造业等其他行业，存在周期长，体量大，传统观念较强，以房屋、道路等建筑为特殊产品，生产过程漫长且不可逆转。

因此，建筑企业数字化转型涉及诸多影响因素，各个因素相互作用影响企业转型成效，企业必须协调兼顾各项影响因素之间的关系，正确判断转型中的关键因素，有针对性地执行变革工作。本文在文献综述部分分析总结现有文献，发现学者对企业数字化转型能力的研究较多集中于技术、组织、管理三方面。因此本文总结前人研究并结合建筑企业特点从技术变革、组织变革与数字化管理能力三个维度对企业数字化转型能力进行分析。

建筑企业对技术的应用与自身数字化转型效果息息相关。国内外关于数字化转型能力的研究许多都会涉及企业的技术能力，学者们一致的看法足以体现出数字化转型中技术能力的重要性。

IDC 数字化转型分析报告中指出，随着新技术对众多数字化转型企业的持续赋能，无论企业转型能力如何，企业对 IT 的建设方向均会逐渐从依赖硬件数量转变为依赖技术。技术能力不仅包括企业的自主创新能力，也包含企业对现有技术的应用能力。根据技术创新理论，率先采用新技术的企业往往能够获得短期的竞争优势，在企业争相效仿后再达到平衡。因此，可以选取数字化基础设施建设能力和数字化技术创新能力作为建筑企业数字化转型技术变革能力的评价指标。

第二节　技术创新建议

技术创新是第一驱动力，是建筑企业掌握数字化技术、提高数字化转型能力的有力支撑。数字化技术的发展与企业对数字化创新的重视与投入密不可分，企业可以从以下几方面进行。

一、加大力度投入

当前产品更新换代、技术迭代升级速度不断提升，创新能力薄弱的企业极易被激烈的市场竞争淘汰，一切创新活动的展开都以企业研发资金的投入为基础，研发投入是业成长发展的有效保障。对于在技术变革能力方面表现相对较弱的企业，必须认识到发挥创新能力对数字化转型的重要作用，明确企业核心研发能力方向，根据企业发展愿景自主研发的成果要求，加大研发投入力度。

在数字化技术变革能力方面表现良好的企业要注意合理安排研发投入规模，避免投入分配失衡影响企业其他环节的运转。在创新的同时也应注意已有成果的市场现状，及时回收产品效益低于市场预期的产品投入资金，保证资金投入效率。

二、完善数字化基础设施

数字化基础设施是企业应用数字技术的前提与保障，未来在新一代信息技术不断改良企业基础设施建设的同时，对企业信息响应速度要求提高，企业也会面临网络安全带来的问题，IT 基础建设、网络互联建设与数据安全建设在基础设施建设中显得尤为重要。

IT 基础建设与网络互联建设是企业应用数字化、实现生产运营数字化的基础与前提，数据安全建设则是实现企业信息与数据安全的保障。技术的不断进步，对数据联通的要求越来越高，企业数据安全的风险也会日渐增大。因此，无论企业在该方面现有能力如何，都必须要注意加强对数字化基础设施建设的投入，分配好软、硬件与安全投入的比例，打破部门间信息壁垒，实现企业内部的联通，提高数据安全措施应用率，建立企业数字化安全防护系统，避免企业因受到外部网络攻击带来巨大损失。

三、提高科技成果转化

多年来，我国科研投入稳步增加，但研究成果对实际生产本身的影响并不明显，实验室产品与车间生产、科研机构创新成果与企业实际应用之间转换困难。建筑企业需重视高校与科研院所的创新成果，主动作为创新资源整合配置的关键力量，提供技术转化应用的场景、资金支持，充分发挥企业主体作用，以实践应用效果帮助研发主体确定薄弱环节、研发方向，成为提高研发成果转化效率的重要力量。

建筑企业应与研发主体积极合作，建立技术合作研发平台、成果转化交易平台，将技术创新主体与企业应用主体紧密结合，推动技术要素在不同主体间的转移。

四、加强技术交流

建筑企业数字化转型还在探索阶段，发展过程中必然要进入新的领域，出现许多新知识、新技术、新工艺。不同机构组织、不同研究领域的研究成果交互、碰撞，企业需要在众多成果中不断学习与适应，吸收新知识，适应新技术。

数字化转型是全行业的事件，仅靠企业自身的力量闭门造车对企业有害无利。企业应定期组织研发人员与外部进行学习交流，举办科技成果交流会、产学研交流会等，定期与其他科研机构、企业、高校院所进行技术交流，实现创新成果的交流借鉴与企业间的信息同步，提高企业的技术创新水平。

第三节　人才培养建议

建筑企业施工项目是整个建筑行业检验和实践数字化技术的前沿阵地，企业要准确把握市场发展趋势、研判技术发展路线、制定数字化技术在工程项目中的应用方案。企业应重视对 BIM、物联网、先进设备等的应用。BIM 与物联网技术贯穿建筑企业大部分生产流程，能够在多方面提高生产效率。企业要提高认识，应用数字化先进技术与设备替代旧的生产方式，实现生产过程的信息化、数字化、智能化，促进生产效率与数字化能力的提高。

人力资源研究方面的学者认为：当今社会的竞争归根到底是人力资源的竞争，人是生产的主体，更是创造的来源，拥有人才，企业与国家才有发展的希望和前进的不竭动力。因此，企业与政府必须重视对数字化人才的培养。

一、开展合作

企业可以与当地高校合作，鼓励高校设立 BIM、物联网、ERP 等相关选修课程，由企业专业人员为学生介绍数字化技术相关知识。企业可以为参加课程的学生提供实习机会与就业岗位，直接让学生在大学期间学习专业的数字化知识，从中挑选与企业发展目标愿景相适配的人员，毕业后可直接适应企业的工作，既节省了企业就业后培养人才的时间与成本，也能够提高本地高校的就业率。

二、加大人才补贴力度

高层次的数字化技术团队离不开对数字化人员的培养，数字化研发人员是数字化技术创新扩散和吸收的主体，只有保证研发人员的高层次水平，才能保持企业创新研发的活力。

高层次人才往往有更加扎实的知识基础与更强的技术创造性，企业应吸引懂得数字化技术的高层次、高素质人才，提高企业中本科及以上学历技术人员的所占比例。可以通过提供有力的住房补贴，帮助员工解决落户问题，制定有吸引力的薪酬制度等措施吸引数字化人才。

三、缓解人才短缺问题

当前建筑企业内普遍存在员工整体素质偏低、不了解数字化技术、不会使用数字化设备等问题，企业应重视提高现有员工的数字化水平，可以通过开展对现有员工的数字化基础知识培训，向员工普及数字化转型的背景与意义，提高员工对数字化转型的认知，帮助企业员工熟悉数字化软、硬件的使用与运维，提升企业对数字化相关软、硬件的应用能力，有效缓解企业数字化人才短缺的问题。

四、增加人才储备量

数字化转型是促进社会经济发展的大事件、大目标，政府必须发挥主导作用，帮助企业推进数字化转型。政府可以从高校教育出发，进行教育体制改革，注重对数字化技能人才、数字化管理人才与数字化技术开发人才的培养，建立起一套数字化人才培养机制，或增设相关学科，开设新专业。或在现有专业基础上增加新课程，让大学生在校期间就能够接触、了解并学习数字化，增加数字化人才的储备。

同时，可以设定数字化技能职称评级标准，如数字化项目技术助理、项目技术员、项目工程师、项目经理等，设立薪酬等级制度，吸引企业内人员学习数字化知识，提高自身数字化技能，提高企业成员的积极性。

第十四章 数字经济下文化产业转型

第一节 数字经济与文化产业

一、数字经济

数字经济时代的到来，意味着互联网基础设施的完善。2004 年以后，信息化程度激增，随着手机的普及应用，确保了信息传播的载体充足。在此情况下，与传统的信息传播相比，数字经济从以下六个方面切实提高了信息的传播效率：

第一，跨越了地域限制。互联网产品特别是文化产品，已经不需要实际的物流配置，远程终端之间即时传送，地理上的界限已经不能够限制数字产品的传播。

第二，扩张了接收者数量。以数字化为基础的传播可以做到同一时间一对多的指数化增长，例如现有的网课分直播和录播两种，接收者数量不受限制，不会受到场地或者音响的限制。

第三，加快了传播速度。网络速度由最初的 2G 网络到现在的 5G 网络逐渐普及，字节传播速度越来越快，且越来越稳定，和传统信息传播速度相比更快。

第四，丰富了传播内容。文字可以传播的信息有限，图片相比可以传播的信息有所增加，数字经济可以实现 3D 信息传播，从一维到二维，最终升级到三维。不仅视觉信息，声音的传播质量也越来越高，信息的传播更为准确、传播内容更为丰富。

第五，突破了信息壁垒。在信息传播不畅通时，很多隐藏的不为人知的信息会使效率降低产生信息壁垒。在数字经济下，信息获得更为容易，信息传播效率增高。

第六，激励了信息生产。数字经济引导的信息共享趋势下，人们更有倾向生产更多的信息，获得更多的反馈，不断彼此激励。

生产组织平台在数字经济下产业内进行了融合，商业模式和信息交互形式发生了本质变化，它以第三方平台的形式展现，这就在传统生产组织的基础上变化出新，形成了新兴的平台化生产组织形式。

在市场定位不断细化的背景下，产品生产更加繁荣，市场已由曾经的卖方市场到现在的买方市场，这必将促使第三方平台的出现。以一个平台的形式，将更多的买方聚集在平台的一侧，将更多的卖方聚集在平台的另一侧，这样才能促进商品的消费。这样从最初的小范围内产品的竞争，变成了平台形式的比较。生产组织平台化有以下特点：

一方面，数字信息技术为依托。将市场信息更完善地呈现在消费者面前，使用数字技术进行精准匹配和广泛传播，彼此之间以第三方平台的信用为担保，在交易过程中起到保存货款、不满申诉等特点，使这样的商业网络活泛起来。

另一方面，"双边市场"交叉网络外部性明显。生产组织平台化就使原本的市场模式变为"双边市场""消费者市场"和"生产者市场"，当"消费者市场"这一边数量不断增加时，自然会吸引更多的生产者加入该平台寻求卖出机会。

与此同时，"生产者市场"这一边数量不断增加，对于消费者来说，最基础的变化是产品的选择更加多样了，而且在内部价格竞争和产品信息更加透明等更多好处的吸引下，自然也能吸引到更多的消费者进入这个平台。"消费者市场"和"生产者市场"规模增长相互促进，共同获益，并促使经济发展更为壮大，也更加巩固了生产组织平台化的趋势。

二、文化产业概念

文化产业的概念最初是由英国首先提出的，并经由学者的归纳升华，总结为提供具有广义文化、艺术或仅仅是娱乐价值的产品和服务的产业。随着数字经济的到来，文化产业也发生了巨大的转变和升级，创意层出不穷，在金元浦的定义下，文化产业被加上了"以高科技为支撑"这一条件。

文化产业发展是从多方面体现的，既需要考虑文化产业对外部环境形成的创收，也需要考虑文化产业内部的作用形式和状态，而数字经济下的文化产业发展也提出了更多的要求。

一方面，是狭义的文化市场表现情况，以经济为主要衡量手段，以营业收入为核算指标，数字表现越高则代表文化产业更发展；另一方面，是广义的文化产业发展，以高质量发展为要求，以可持续发展为追求，系统越高效且稳定则代表文化产业更为发展。

文化市场发展数字经济不断拓宽了文化产业的边缘，也意味着文化市场的范围也更为宽阔。最初，文化市场以"文化"这一元素为核心来衡量边界，包括以此展开的创意创新、媒体传播、娱乐活动等。

随着信息技术的不断介入文化产业，数字经济不断融入文化市场经营的全过程。从生产经由运输到最终出售，文化市场包含了更多的内容和形式，例如以中介形式进行的文化产品服务、以数字技术辅助文化产品运输和以平台为载体助力文化产品销售等。可以看出，数字经济在经济收入的层面上也对文化产业发展带来巨大的变化，也将"文化"

这一元素与制造和金融等融合的排斥反应更低。中国在文化市场收入的统计过程中，也不断扩大文化市场收入包括的门类和文化市场的营收范围。

数字经济在文化产业市场经济发展中所起到的作用具体如下：

首先，从文化市场经济消费角度来看，数字经济扩大了文化市场消费，产品极大丰富，更加能满足市场需求，以超过期待线的方式刺激消费。消费形式也得到了扩展，从用货币购买实体的物品，到文化市场中可以购买体验。

其次，从文化市场产品生产的角度看，数字经济下文化产品更加有差异化，可以更容易做到定制需求。

最后，文化市场经济发展本身也能够反作用于数字经济，使数字经济更紧密地融合于文化产业发展，互相促进发展，共同拉动文化产业市场经济发展。

第二节　数字经济下文化产业的发展情况

高质量发展是不仅限于经济收入的增多，更多从社会的角度，在意多方主体的切实利益，探寻如何实现社会福利最大化，追求文化产业全生态的综合性发展，既讲究发展，又讲究均衡性发展，而且要更多在意可持续的发展态势。

一、数字经济下文化产业具体变现形式

（一）正外部性强

在数字经济下，有很多"互联网+"的形式出现，数字技术给文化

产业也带来了正外部性。但文化产业本身也具有强烈的正外部性，"文化+"也是带动高质量发展的关键举措。将知识生产要素附加在原有的商业产品中，可以使价值获得更大的提升。

（二）促进文化产业升级

产业升级是高质量发展渠道之一。当文化产业中数字技术含量越高时，产业本身得到的提升是本质性的改变，使文化产业朝着更快更好的方向发展，而且不只是经济发展，还有注重"文化"要素发挥的精神作用。

（三）制衡多主体利益

在数字经济的加持下，文化产业中的重要主体的知识产权存在着很大的潜在侵权可能，因为侵权成本的不断降低，而且边际成本几乎为零，这对潜在侵权者无疑存在着巨大的诱惑，而这也对知识产权拥有者的利益构成巨大的威胁，所以政府需要做出相应举措制衡知识产权拥有者和知识产权潜在侵权者之间的利益关系，以达到各主体综合的福利最大化。

（四）社会福利最大化

这需要考虑的角度更多，包括适度地保护知识产权以达到激励进一步创新的效果、网络的外部性外部化追求全体共同发展、在保证信息共享的同时保护知识产权、反对垄断手段的复杂知识产权保护等。

二、文化产业知识产权保护现状

（一）侵权成本低

在数字经济下，信息技术和各个产业融合发展，各产业产值中有相当一部分是由于数字经济的加入所产生的增益。一定程度上，是由于数字经济使各产业一部分的产品可以融合创新，生成完全"线上"的版本，带来更多的"虚拟"经济收益，这是因为这种形式大大降低了信息传播的成本。

1. 信息存储成本降低

以往只能人们口口相传或者勉强靠文字记录的信息，现在可以"数字化"存储在小小的芯片上，这极大地缩减了信息生产这一步骤的成本。

2. 信息便于复制

曾经一条信息的传播，特别是较大存量的信息，需要记忆能力和表达能力极强的个人作为载体，但现在数字信息可以在终端上简单地复制粘贴，几乎可以把数量增加的过程时间忽略不计，这又极大地缩减了时间成本。

3. 边际成本近乎接近于零

在实体经济下，无论任何产品的多数量输出时，随着每一件数量的增加，每一件的基础可变成本是总成本的重要部分，很大程度上决定了产品的生产数量和供应，但在数字经济下，无论产生多少份额的产品，都只需要最初的固定成本，不需要额外的可变成本加入，所以数字产品数量不再受边际成本的约束，销售出的数量越多，每件的单价成本则越低。

4. 实体投入更少

现有广泛的产业都逐渐采取了线上线下相结合的形式，可以使用一份固定的实体投入，但不受实体店本身所在地域的限制，产生更多的收益。

5. 搜寻成本降低

数字经济下，在买家和卖家不断地搜寻到合作的过程所需要的成本大大降低，可以更快速地匹配需求和供给，搜寻过程更快且成本更低。

6. 库存成本降低

数字经济下，最终的匹配效果也超过以往的线下单一匹配，减少商家的库存和闲置，极大地降低生意往来过程中资本的积压，从而节约成本。也正因如此，对于知识产权潜在侵权者而言，他们面临的侵权成本更低。

(二) 知识产权申请专利数量存在的问题

在各方专家和相关部门的不断努力下，知识产权保护在制度层面上不断地进行了改进和完善，这也促使更多个人和集体倾向于选择更多的知识产权层面的创新，并申请知识产权保护以获得应有的利益。所以，以数字技术为代表的知识产权申请专利数量也随着时间与日俱增，但在其中也存在着很大的问题：

一方面，数字技术的核心芯片国内生产不足，过于强烈依赖其他国家的供给，这对数字技术的广泛应用埋下了隐患。

另一方面，文化产业数字化过程不均衡，数字技术不能较为恰当的应用在文化产业各个分支之中，存在部分产业应用过多，而另一些又应用不足的情况。

最重要的是，虽然技术在不断创新，以超过常人预期的速度不断刷新和覆盖，但在数字技术申请的众多知识产权专利当中，能够真正用于实际产业产出的则略显不足，这就导致数字技术专利转化率的不足。

由于数字技术的超快发展和超强的渗透能力，由此结合产生的新生数字文化产业数量也迅速增加，这些领域的典型特点是：

一方面，技术变化过于迅速，导致新兴数字文化产业的变化也多种多样。

另一方面，与之相匹配的知识产权保护制度很难跟上如此快速的形式革新。这也就意味着，新兴数字文化产业不断地推陈出新，知识产权保护制度不断的更新，但总有技术与文化的结合形式在新兴，制度的设置总是落后于产业出现的。

除了变化快速这一点带来的影响，还有数字技术应用的角度很全面，由此演化出来的商业形式很难估计。总有一些细节和角度难以被发现和规制，知识产权保护制度对边缘化的数字文化产业难以全面把控。

第三节　知识产权与文化产业

一、知识生产要素资源配置

数字经济下，知识产权保护可以通过提升文化产业聚集度和促进亚文化群落的知识生产要素自生产两方面，进而优化知识生产要素资源配置。

数字经济下，知识产权保护可以提升文化产业聚集度，以优化知识生产要素的资源配置，进而达到促进文化产业发展的效果。其中，对于知识产权保护对文化产业聚集度的影响，在国内现有的学术文献中，多数是认为数字经济下知识产权保护能提升文化产业聚集度。

一方面，由于缺乏知识产权保护，在文化产业集群内就会丧失信任，最终将导致集群的溃散，相反则可以证明知识产权保护强度越高，文化产业集群越聚集。

另一方面，当知识产权保护较弱时，会导致在同一文化集群内彼此抄袭或者简单模仿而少有创新，这就使原有的知识产权拥有者丧失创新热情，率先移除该文化产业集群。同时，由于"柠檬市场"效应①，原创知识产权反而被排除在市场之外，盗版更得消费者的青睐，最终该文化产业集群逐步消失。相反也可以证明，知识产权保护强度越高，文化产业集群越聚集。

同时，文化产业聚集可以优化知识生产要素资源配置：

第一，文化产业集聚可以使文化产业集群更加精细，也就有更加个性化的需求得以匹配，使消费者被细分为精准的集群，使知识生产要素配置精准、匹配得当，最终推动文化产业发展。

第二，文化产业集聚可以降低成本。由于产业聚集在同一地区，会形成专业的精神熏陶，也就是影响力，而这和实体产业相结合时，便形成了整体氛围资本，这足以降低生产成本。而且在这个集群的信誉被外界所熟知时，不管是政府的监管制度，还是和消费者群体的交易信任度，都大大降低了交易费用。进而促进交易的最终合作，达到优化知识生产要素资源配置的效果。

第三，文化集群内要素流通速度增快。这是文化产业聚集所带来的信息和各种要素的共享，彼此之间沟通顺畅和快速有利于以集体的形式带动产业升级，这强调各主体之间的转移和渗透，这种"相关多样性"更能代表数字经济和文化产业的深度融合。同时，文化产业集群各主体间的"溢出效应"突出，最终达到优化知识生产要素资源配置的效果，以促进文化产业发展。

---

① 柠檬市场："柠檬"在美国俚语中表示"次品"或"不中用的东西"，所以柠檬市场也称次品市场，也称阿克洛夫模型。是指信息不对称的市场，即在市场中，产品的卖方对产品的质量拥有比买方更多的信息。

二、知识产权对文化产业发展的作用

知识产权作为法律赋予的权利和经济资源，是文化产业的核心。

（一）知识产权保护是提高文化资源效率的载体

知识产权保护使创作者垄断享有文化资源的财产权等，文化资源使用的排他性和知识产权的清晰归属性显著提高资源配置效率，进而加速文化产业发展。

（二）知识产权保护是赋予文化产业高附加值的途径

知识产权保护能充分发挥文化资源的独特性，以品牌形象与价值的形式对文化产品增添高附加值，从供给侧提高文化产品的质量，促进文化产业高质量发展。

（三）知识产权保护是激励文化创作的保障

知识产权保护捍卫创作者应得的名誉、奖励权利，从而吸引更多创作人才进入该领域，激发更优质的文化作品出现，这在根本上提升了创作内在驱动，启动良性循环，成为文化产业发展的源动力。

（四）知识产权保护是促进文化产品来往贸易的关键

知识产权保护有效限制了文化产业市场主体的机会主义行为，将交易的公平性视为关注重点，无论市场的规模大小、是否跨国交易，都以权力公平行使为起点发展，频繁的贸易是文化产业发展的根基。

第四节　整合数字技术创新

知识产权保护对数字技术创新有促进作用，具有减少研发溢出损失和缓解外部融资约束两种途径。

一方面，知识产权保护抑制了非法模仿和盗版传播，规避因产权不明所带来的风险，削减研发者不必要的损失，合理控制研发的溢出效应，从而激励数字技术创新。

另一方面，投资者以获利可能和获利规模综合考虑作出决策，知识产权保护借由政府和法律的保证，降低溢出损失，提升了投资人获利的可能，进而将吸引众多融资，最终从扩充研发投入的角度促进数字技术创新，同时，版权是知识产权的重要组成部分。

文化产业升级过程不会改变文化类产品核心，知识产权保护是其主要前提和手段。那么，在文化产业的特定环境下，知识产权保护对数字技术创新有正向作用。因此，加强知识产权保护可以推进数字技术创新。

一、法律制度保障数字经济下的文化产业发展

法律制度使各方主体利益合理分配，进而对数字技术创新进行再生产，促进新的数字技术创新。

（一）具有激励作用

当知识产权保护这项法律制度使知识产权归属清晰，使由知识产权产生的收益完全归功于知识产权拥有者，是将利益完全私有的行为。这也就意味着，只有掌握了最前沿的知识产权时，并且提高知识产权在文化产业产品生产过程的转化率，就将在市场动态竞争的过程中，不断以

数字技术创新而获得市场突出地位，进而获得利益分配上的优势，这是因为知识产权保护法律制度切实激励了数字创新技术。

同时，在此法律制度的保护下，创新的数字技术一旦被广泛地应用于文化产业时，可以获得合法的知识产权税收或费用。这也极大地加大了数字技术创新的收益，使该主体获得更多的科研资金进行再创新，持续保持市场地位和收益。

（二）具有配置作用

在激励作用的基础上，法律制度不仅最大化了知识产权拥有者的利益，也使其他主体可以租用相关技术，达到相应的收益。而且在知识产权保护的年限将至时，这又可以被更新的数字技术替代，进行利益的再次分配，最终达到社会福利的最大化，进而积极影响数字技术创新。

（三）具有保障作用

一项法律制度的有效作用发挥，是需要强有力的司法和执法保障的，这将在下面两个方面具体展开：

一方面，无论是知识产权法律制度的不断推陈出新和完善边缘产业的细节规制，这都对知识产权立法强度提出了重要要求。

另一方面，知识产权保护法律制度的实施过程也会遇到很多挑战，不管是知识产权意识弱的拥有者还是企图获得侵权收益的潜在知识产权侵权者，这也对知识产权执法强度提出了重要要求。

二、数字技术创新对文化产业发展具有促进作用

数字技术创新给文化产业带来颠覆式的改变，从内容和形式上拓展发展空间，其影响持续而悠久，两者融合使文化产业进一步数字化成为必然趋势。其中，互联网的发展起到催化剂的作用，使传播与分享更为

便捷和迅速，数字技术在短期和长期都对文化产业发展造成有效影响。

数字技术创新给文化创意以技术依托，扩大创作者想象空间，提升创意作品质量，降低产业链各环节成本，加快交易频率，故而推进文化产业发展。而且，数字技术创新优化了文化产业中各资源的作用方式和秩序，在整合的同时提升效率。因此，提出假设：数字技术创新将加快文化产业发展进程。

数字技术创新从供给侧优化文化产业发展。具体而言，接下来将从四方面对数字技术影响文化产业发展机制进行理论分析：数字技术提升文化生产力、数字技术加强文化合作力、数字技术完善文化服务力、数字技术促进文化认同力。

（一）数字技术促进知识要素获得更大的生产力

一方面，数据可以单独作为一种要素。在数据的海洋里，通过紧密的数据分析消费者心理和行为，得出有意义的结论和决策，使用大数据等技术分析疫情等。所以，拥有更多数据要素的厂家则获得更多的议价权。

另一方面，生产要素在被数字化。例如数字技术和文化产业相结合时，知识就可以单独作为一种生产要素，最大限度释放活力，逐渐形成自己的反馈圈层，在知识经济的范畴下谋求经济发展。数字技术不断使文化产业生产要素"数据化"，而这也使知识要素获得更大的生产力。

（二）数字技术加强文化产业链的分工合作

数字技术的广泛应用作用在文化产业上，从两个方向上展开了重大合作，一个方向是文化产业内部的合作更加紧密；另一个方向是文化产业链上下端合作更融洽。

第一，在文化产业内部，数字技术由于其本身所带有的特性，使产业内部信息传播速度和效率极大地提升，使数字技术渗透在文化产业内部，更加智能且细分更加精准，也能以一个类型的文化为主要 IP，彼此合作共赢，形成巨大的合作张力并集之大成。

第二，在数字技术不断精进之后，文化产业链得到了更长的延伸，将产业内的分工更加明确，降低了成本的同时，也对彼此间的合作提出了更高的要求，而与此同时，信息传播的迅速和信息筛选的机制，使产业链上下端彼此互相选择，为了更大范围的产出，使产业链间合作的能力和密度更大。

（三）数字技术丰富文化传播渠道

文化市场本身的属性决定着文化产业不仅仅要追求经济收入，更要追求文化扩散效应，使更多的群众得到文化知识的普及，是人民的素质保证，是在社会文化层面的服务力。数字技术加强了知识的易得性，是保障数字技术文化服务能力的重要基础。

随着手机的大范围普及，电子书籍可以从远方图书馆的书架上，毫不费力地进入每个人的手机，可以方便读者提升知识储备和文化审美力，而电子音乐对消费者心情的纾解和对艺术的领悟创新也是较以往演唱会的形式更为易得，而电子游戏和动漫行业正是对精神领域的拓宽，这些都完善了文化服务力。

对于城乡之间文化信息差距和壁垒，数字技术也是在公益性方面大大服务了文化产品的产出。文化较难传播的乡村地区，由于数字技术也打通了最后的环节，均衡了城市间、城乡间的文化差异，文化服务力愈加大众化，不仅更加通俗易懂，也能使文化传播渠道更加丰富，也更加还原了文化本身的意味，不会由于过长的传播过程影响文化产品本身的质量，而服务更多的消费者。在大众面前，文化产品人人平等，以此展现数字技术更加完善了文化服务力。

（四）数字技术增强文化认同力

文化认同力是一个区域、一个民族和一个国家的根本凝聚力，以此为指导的社会行为才有公共价值。中华民族的传统美德正是我国能保持长期发展、社会安定繁荣、人民同心协力的根本内在驱动力，也能促进文化产业产生更加优良的产品，为文化产业发展把握大方向，不断提升文化品位。

一方面，由于数字技术转化促进文化创新而获得文化认同力。将现有的传统文化遗产的保护形式以数字技术进行更新，对文化遗产进行新的保存，建立文化基因库，更长久地保留传统文化。

另一方面，由于数字技术提升产品质量而获得文化认同力。传统文化的产品质量可以借助数字技术提高，表现为文化产品内容的不断丰富和创意的不断革新，并且相关部门对文化产品质量进行监督，不断强化市场质量体系，保证追根溯源，对大众进行正确的引导。

而在保证文化传播质量的同时，当文化认同力到达一定程度时，在各个文化集群中，细分标准越来越规范，不断通过数字技术获得和分析消费者行为和信息，在更小的集群中彼此认同感高、体验好，也能形成互相依赖的情感，最终更加认同小集群内的文化，使数字技术下文化认同力更高。

第五节　政策建议

一方面，鼓励知识产权保护以促进文化产业聚集，强调亚文化群落的知识生产要素自生产，注重数字技术在文化产业中的转化率。同时，在软实力方面注重文化生产力、合作力、服务力和认同力，以确保数字经济下文化产业的发展劲头足。

　　另一方面，权衡好信息共享和知识产权保护之间的关系，不断平衡知识产权保护立法强度，完善数字经济下文化产业中的反垄断法规，加强知识产权保护制度的执法速度和力度。

第十五章　数字经济下的农业转型发展

第一节　农业高质量发展

"农业高质量发展"这一表述是在新时代背景下，伴随着"高质量发展"的提出而衍生出来的。农业要从数量向质量转变的原因：

第一，农产品单从数量上的增长已无法满足人们的需求。新中国成立之后，全力追求农产品增产是为了解决人民的温饱问题，而伴随着农村经济改革的推行，农产品的持续丰收，供应充足，粮食短缺的问题已经得到了有效地解决。与此同时，随着国民经济的不断发展、人们生活水平的不断提高，人们对农产品的需求也逐渐演变成优质无公害和多样化。

第二，片面追求量产的生产模式限制了农业增长方式的可持续性。过度追求产出数量的农业生产，其增长依赖于各生产要素的大量投入，必然导致自然资源的滥用和生态环境的恶化。这种以牺牲资源和环境为代价的农业增长方式是不可持续的。

因此，数量型农业应转变成以产品生产优质化、农业技术现代化、生产经营一体化和资源环境良好化为目标的质量型农业。类似地，在同一时期，为区别于过去用产量作为衡量农业发展水平的唯一依据，还出现了"三高"农业的概念，即高质量、高产量、高效益农业。

一、农业高质量发展的内涵

准确把握农业高质量发展的内涵并对其进行概念界定是研究的重要前提。目前，学界对于"农业高质量发展"没有统一的定义。不过农业作为国民经济的三大产业之一，是经济的基础。所以探讨其高质量发展的内涵可追溯至"高质量发展"以及"经济高质量发展"的相关研究。

对农业高质量发展进行界定之前，学界所形成的普遍共识是：研究农业高质量并不应狭义地研究如何提高农产品质量，而是从产品质量延伸至农业产业现代化发展的方方面面。从农业生产角度出发，农业高质量发展不仅指拥有高标准的农产品，还应包括高效率的生产经营体系，甚至在农产品出口方面具备高水平的竞争力。除了农业质量的提升，还应该考虑农业绿色发展、数字科技赋能以及产业融合等方面。

从农业现代化的角度引入，农业高质量发展的内涵应该与农业现代化的三大体系相呼应。结合现代农业生产、经营和产业体系的发展方向，农业高质量应该表现为高品质、高效益、高效率和高素质四个方面。

二、衡量农业高质量发展的评价方式

衡量农业高质量发展水平是对其进行定量研究的基础。在指标体系的维度构建方面：

一种常见的形式就是以新发展理念"创新、协调、绿色、开放和共享"五个方面作为指标维度。对农业高质量发展而言，创新是核心驱动、协调是内在要求、绿色是普遍形态、开放是必由之路、共享是价值导向。

另一种形式则是基于农业高质量发展的内涵特征直接进行维度构建。

三、数字农业发展路程

在国外，农业发达国家对数字农业的实现路径展开了各种实践探索。例如，美国的数字农业发展起步早，数字技术在农业领域的运用十分成熟。大多数农场利用电脑遥感系统（RS）和全球定位系统（GPS）实现了耕种的自动化。此外，完善的电子商务和高效的数据共享也是美国农业的发展优势。

其他的发达国家也开展了物联网、大数据、无人机和人工智能等数字技术作用于农业的实践。经验表明，数字技术能够推动农业发展。不过，尽管国外数字农业的实践已经积累了大量经验，但是这些经验是否能够适用于我国农业发展还有待商榷。在国内，关于数字农业发展的研究多集中在理论层面。学者们致力于找出数字经济赋能我国农业的具体途径。

数字经济可以优化传统农业体系，作用于农业全产业链条中，赋能于农业产前产中和产后的各个环节。数字技术在农业中的具体分类包括网络通信技术、空间信息技术、自动化技术和虚拟现实技术。这些技术通过不断交叉组合，大大提升了农业生产经营效率，构成了现代化数字农业技术体系。

这一体系可以在产前助力作物选择和灾害防治，在生产中提高生产效率和减少资源浪费，在产后提升市场竞争力。我国的数字农业目前呈现出欣欣向荣的发展态势，但是将理论转为实践的过程中，还面临着诸多困境。具体包含：信息基础设施落后、数据共享不充分、数字平台监管不严、政策体系不健全、农民数字技能缺失、专业数字人才匮乏等。解决这些问题是未来数字农业发展的重点。因此，具体到农业这一产业角度，可以认为农业高质量发展也应该以三大变革为主要抓手。

同时，农业的高质量发展不能仅仅局限在农业的生产经营过程，还要考虑农业的效益共享以及机会平等。农业的发展应该体现出其与农村和农民的有机结合。因此，农业高质量发展还应体现出包容性增长的特点，毕竟发展的最终落脚点还是在人。

能否实现农业的包容性增长，是一个国家农业能否顺利转型并作为现代化基础的关键。综上，本文认为，"农业高质量发展"是指通过农业的质量变革、效率变革、动力变革以及包容性发展，实现农业现代化转型进而满足人民对农业需求的动态过程。

第二节　数字技术推动农业高质量发展

一、数字技术推动农业高质量发展

就农业发展而言，当传统生产要素存量的增加无法再进一步有效提升农业劳动生产率时，数字技术作为一种新的技术能够为传统农业的升级改造注入新的动力，技术的创新能够驱动农业高质量发展。

（一）数据要素的价值创造

从马克思主义政治经济学的角度来看，劳动是创造价值的唯一源泉，而生产过程的本质就是劳动过程，所投入的数据要素本质上就是一种物化劳动。数据要素的生产环节包括数据采集、分析和应用这都离不开人类的劳动，它是凝结或凝固了的活劳动。通过活劳动生产出来的数据要素作为生产资料进入新的劳动过程中，成为劳动的物质条件。它自身所具有的价值也随之转移到了新的产物之中，完成了价值的创造。

（二）数据要素的价值增值

传统的生产要素一般都遵循边际收益递减规律，增加要素投入所带来的产出总会在到达一定限度后呈现速度递减趋势。而数据要素在与知识和技术要素的融合中，促进技术更新速度的提升和知识要素溢出效应的加强，进而改变生产函数，通过数据要素的边际收益递增来实现价值的增值。数据还能够促进生产资源配置的有效性。

运用农业物联网设备在农业生产精细管理、农业生产环境监测和农业资源监测利用等方面所获取的大量农业生产数据，有助于对农业生产资源配置进行优化。例如能够精确地掌握当地农业资源禀赋优势，因地制宜地调整土地、劳动力和资本等传统要素的投入，寻找到投入要素的最佳组合。

此外，数据生产要素的可复制性和非竞用性决定了同一地区、同一类型的农业数据可以被重复使用和同时使用。

二、数字产业化推动农业高质量发展

在农业领域，数字产业化更多地体现在农村信息基础设施建设的推进和数字产业与农业产业的融合上。其对农业高质量发展的驱动作用体现在以下两个方面：

第一，农村信息基础设施建设是重要基础。

农村信息基础设施建设既包含对传统基础设施的升级改造，还包括其他数字化基础设施的投入使用。通过对水利、电力、物流等基础设施的改造升级，为数字经济在农业中的应用和发展提供基础的硬件设施保障。推行互联网和广播电视网入户，能够极大地丰富农民生活，同时也为农业生产经营提供多功能信息渠道。同时，还要加快建设其他各类提升农业生产效率的基础设施，推动数字农业相关项目的落地。

第二，数字产业与农业产业的融合是高效路径。

以数字产业中的互联网为例，"互联网+农业"是数字产业与农业产业融合的代表。这种融合的驱动效应主要作用于农业的产业链上。通过互联网将农业产前、产中、产后各环节紧密联系，提高农业全产业链的功能性和延伸性。

农业产前阶段，互联网可提供信息和金融服务。不仅可以减少农民因市场信息不对称造成的损失，还能够通过完善的信用评估技术创新农业信贷业务，降低农民贷款门槛，减少资金压力。产中阶段，互联网能提供物联网服务。通过信息集成、数据分析和自动化控制极大地提高农产品生产效率，精准测度农药化肥施用比例，实现自动化、智能化灌溉和机械化生产。产后阶段，互联网能够通过平台进行农业品牌的宣传推广，解决农产品滞销的问题。同时，能为农民提供产品供需信息，帮助农民进行下一次的优质选种和合理生产，形成农业产业链条的闭环，推动每一次循环的优化升级。

三、产业数字化推动农业高质量发展

产业数字化是指传统产业应用数字技术所带来的生产数量和效率的提升。包括农业生产、加工与流通等各环节的数字化改造，构建新型农业数字化经营主体，深化农业供给侧结构性改革，提升农业规模、效率和效益。数字经济时代下，以数字技术的蓬勃发展为基础，为农业进行赋能，能为农业带来新的生产要素——数据。此外，数字技术也能在农业领域催生出新模式、新业态，发挥对农业高质量发展的驱动作用。主要作用体现在以下四个方面：

（一）促进农业高效生产

农业生产中，利用数字技术对土壤的温度、湿度、光照和灌溉等影响农作物生长的条件因素进行综合运算。既能预测农作物的长势，又能提供生产调整的相关数据。同时，数字技术还能通过气象卫星和雷达对自然条件的状况进行科学预测，有利于指导灾害防治，减少农产品生产损耗。此外，数字技术还能应用于农业机械生产的改造升级。

农业机械的数字化和信息化能够拓宽机械功能、优化机械性能、提升机械作业质量和提高机械科技水平。而以云计算为依托的多位一体智慧农业模式充分证明了通过云计算技术平台的实时信息传递，能有效地实现数据的实时共享和信息流的高效传递，有利于让"靠天吃饭"的传统农业转变为"优质高产"的现代产业。

（二）增加农产品的类型

以往的农业为了满足人民对农产品产量的需求，重视专业化和规模化生产，以提供大量的农产品为目标。这种生产模式只能大量地生产同一类型的农产品，因为提高产量是传统生产的重点。这种做法在短时期能保障粮食供给安全。但从长远来看，当需求方对数量的期望转向质量时，传统生产方式下的农产品将面临滞销风险。

单一同质商品一旦无法满足消费者的多样化需求，就会出现供需的失衡。数字技术则能够在持续提升农业生产效率的基础上，通过一些数字平台的交易反馈，及时帮助农民调整生产方向，避免因信息不对称造成的过度生产，还能促进产品类型的多样化。

（三）拓展农产品的销售渠道

农产品的滞销问题是农业进行供给侧结构性改革的现实原因。一般出现滞销问题是因为农产品供给量的增加无法满足市场对农产品的需求，交易受阻相应带来农业生产者收入上的损失或者是由于农产品的销售渠道变窄，农民不了解如何进行农产品的推销。此时，数字技术催生出的新业态例如"互联网+"能实现供需双方的直接对接，通过农业电商平台、直播平台等拓展农产品的销售渠道。

（四）有利于提高绿色农产品的产量

传统农业的生产总是离不开对自然资源的利用，在这一过程中不可避免地会造成资源的浪费和对环境的污染。例如化肥、农药、塑料薄膜等的大量使用，既对土地资源和水资源造成了污染，又加剧了农业的碳排放。而数据要素参与农业生产过程时是绿色无污染的，且数字技术可以基于化肥、农药、塑料薄膜的使用数据，推算出最佳的使用比例，按照该比例投入生产，可以避免过度使用。这样做既可以节约资源、保护环境，又能生产出绿色无公害的高质量农产品。

第三节 农业高质量发展评价体系

构建农业高质量发展指标体系首先需要明确指标选择的基本原则，在满足基本原则的前提下选择出能真实反映我国农业高质量发展水平的各层级指标，通过数据收集、测算得到最后的水平及分布结果，才能相应进行有效、合理地评价。

随着经济的发展和人民生活水平的提高，相较于过去的只要"吃得饱"，人们在新时代对农业产品的需求已经转变成要"吃得好"。因此，同经济的发展一样，农业作为产业也需要经历从追求数量到追求质量的转变。农业推动质量变革的目的实质上就是通过对农业资源的合理利用，以低碳绿色的方式，生产和提供更优质的农产品。可以从以下三项指标衡量农业的质量变革的水平。

一、农业产品质量

产品质量是衡量质量变革最直观的指标，产品质量的优劣能够体现出质量变革的实际成效。结合人们对无公害绿色农业产品的偏好以及实际数据的可获取情况，选择农药施用强度和农用化肥施用强度作为三级指标，计算每公顷耕地所使用的农药和农用化肥数量，强度越小，代表产品的质量越高。

二、农业资源利用

农业资源的保护和合理利用是实现农业可持续生产的前提。如果只顾短期的生产利益，滥用农业资源，长远来看是无法维持农业产品的稳定供给的，不利于农业的长期发展。因此该层级下选择人均耕地资源保有量来体现耕地保护水平，人均可再生资源保有量体现资源的可再生能力，耕地节水灌溉面积体现对水资源的合理利用。此外，耕地复种指数通过计算耕地全年农作物播种面积与耕地面积的比值，体现对耕地资源的利用强度。

三、农业生产碳排放

农业绿色发展的一项重要课题就是实现农业碳排放的减少，以低碳带动农业绿色转型，同时也能推动我国碳达峰、碳中和目标的实现。其中，农业生产排放的二氧化碳主要来源于生产过程中的能源消耗，本文选取每万元农业产值耗柴油量和单位面积农用塑料薄膜使用量来表示农业生产碳排放水平。

在现实层面，数字经济对农业高质量发展结构中质量变革的驱动作用可以通过采集农药、化肥施用等数据来进行合理配置与使用。对农作物产前选种以及种植规模的预测，计算最佳耕地节水灌溉面积，利用人工智能实现自动化浇灌，利用生产碳排放数据规划农用塑料薄膜使用量等方式提高农业产品质量，优化农业资源利用和减少农业生产碳排放来实现。

对效率变革正向影响可以体现在数字经济能够促进农业全产业链条的延伸以及提升产前产中产后的效率。例如数字技术可以促进农产品的供需对接，缓解农产品的生产和销售环节信息不对称所带来的效率低、产品滞销等问题。

数字经济还能推动产业间的融合发展，实现农业产业结构升级，拓展农业功能，增强产业间联动。同时，还能够有助于形成"数字农民合作社"等形式的新型经营主体，衍生出新的数字化规模经营模式。

动力变革层面，数字经济可以提供数据要素，为农业高质量发展提供新的动力来源，打破过去传统要素配置动力低下的局面，优化农业资源配置，形成要素投入和要素重组的创新。最后是包容性发展层面，数字经济的数字化治理能够起到相应的驱动作用，即通过增加政府和农村居民治理乡村的协同性，让农民能够切实共享到农业高质量发展成果，还能实现数字金融赋能惠民服务，例如解决小农户融资问题。

此外，数字经济的发展还能促进乡村中数字基础设施建设，让农民享受到更多数字经济带来的便利。

第四节　数字经济对农业的驱动作用

数字经济对农业高质量发展的驱动作用在各个地区都能普遍体现，其中东部和中部地区的驱动效果最为明显，其次是东北地区，最后是西部地区。这可能与数字经济在东部和中部的发展更为全面和迅速有关。数字经济的发展本身在区域上存在明显的区域集聚现象，呈现出"东高西低"的态势，因而造成了数字经济对经济高质量发展的区域性差异。

从整体上来看，虽然在各个地区数字经济对农业高质量发展都起到了显著的正向作用，但是数字经济对各地区农业高质量四个维度回归的结果显示，数字经济并没有对各地区农业的所有层面都起到驱动作用，这可能与各地区农业高质量发展的水平和特点相关。各地区的农业资源禀赋存在差异，高质量发展水平也各具特点，这也会一定程度影响数字经济对其的驱动作用。

数字技术的具体影响路径包括数据要素的价值创造和价值增值、推动农村信息基础设施建设、促进数字产业与农业产业的融合、促进农业生产的高效性、促进农产品生产的异质性、促进农产品生产的绿色性、促进农产品供需对接的精准性、促进农业全产业链条的延伸性、促进农业经营的规模性、促进城乡融合发展的共享性和促进融资的便利性。数字化治理的具体影响路径则包括推动政府主导乡村治理过程的高效性和推动农村居民参与乡村治理的协同性。数字经济可以从数字技术和数字化治理两种途径驱动农业高质量发展。其中数字技术的驱动作用主要体现在农业产业中的数据价值化、数字产业化和产业数字化三个方面：

第一，数据价值化能够实现数据要素的价值创造和价值增值。当传统要素的投入产出方式难以维系对农业增长的持续助力时，进行数据要素投入和重组，形成新的动力源泉。

第二，数字产业化能够加速农村信息基础设施建设，推动数字产业与农业的融合。

第三，产业数字化的驱动方式更加丰富，可从多个方面促进农业生产的全要素高质量发展。

数字化治理能够从推动政府主导乡村治理过程的高效性和推动农村居民参与乡村治理的协同性来驱动乡村治理的高质量发展。

第五节　政策建议

一、完善法律保障

一方面，政府应结合当地数字农业发展情况，及时出台相关政策，完善数字体系建设。例如，推出数字农业试点项目政策、数字普惠金融和财税政策，建设数字农业服务体系和农村人居环境智能监测体系等。多角度制定规章制度和法律准则以保障数字经济发挥有效驱动作用。

另一方面，政府也应围绕自身建设实现治理体系数字化转型，提升乡村治理能力。将传统服务方式与数字化服务模式相结合，通过电子政务服务平台等网络通道，加强与农民的在线沟通和互动，拓宽线上意见收集和反馈渠道，推动"互联网+政务服务"向农村的延伸覆盖，协助农民参与数字化乡村治理，推广协同共治模式。

二、加大资金投入，完善基础设施建设

政府应增加对农财政支出，加大对农村信息基础设施的资金投入，补齐数字设施与服务短板。除了对传统基础设施进行技术改造和设备更新，即实现农业种植方面基础设施的数字化和智能化升级以外，还应该积极引入以生产物联网测控设施、农田遥感监测设施、环境气象实时监控设施和农业数字服务平台设施等为代表的农业生产基础设施，进一步拓宽生产类基础设施在农业的覆盖范围。

除此以外，数字农业所衍生出来的新业态也需要相关基础设施建设的及时跟进。例如，构建农村电子商务发展所需要的道路连接系统、水电供应系统、物流运输系统和信息基础设施等。为此需要优化城乡道路

连接，提升道路承载能力，减少农产品在运输过程中因道路质量问题而产生的消耗。将智能化水电供应系统引入农村地区，满足农民生产过程中用电、用水的相关需求等。

三、提高农民素养，吸引高素质人才

一方面，需要加大对本土农民尤其是农村青壮年的教育培养。开展定期教学培训，提高农民数字化素养，引导他们掌握数字农业相关信息知识，熟练掌握数字技术操作流程以及网络平台的使用方法，转变农业传统生产思维，学会利用数字技术充分提高农业生产经营效率。而且培养教育要重视方法，多采用农民接受度高的多元化培养方式。比如，增加数字农业的宣传力度，通过融媒体提升数字技术知识在农民群体间的传播广度和深度，加大农民对数字农业的了解程度。

另一方面，要加大对外来数字人才的引进。尤其是在数字农业的起步阶段，本土农民实行数字化生产的知识储备和操作能力有限，更加需要吸纳专业的数字人才投身农业生产一线，对当地农业情况进行实地勘察，因地制宜提高数字技术适配度，助力数字技术的适用与普及。这就需要加大相关激励力度，提供农业生产第一线的优厚工资待遇、优质工作环境和优越晋升空间，以此引入和留住高级数字人才。

四、完善数据平台，加强监管

一方面，需完善农业大数据平台，优化农业农村数据资源体系。将数据要素作为农业生产的重要资源。建立农业全产业链特色数据库，覆盖产前、产中和产后全过程，包含农业自然资源、农业科技信息、气象灾害预警、作物长势监控、农业碳排放、病虫害防治、化肥施用、农产品供需、农产品加工等一系列农业相关数据。实现对农业数据的采集、

分类、处理、分析和共享以满足农民对于数据要素的多样需求。

另一方面，还需加强数字平台监管，阻断虚假数据信息流通，打破数据使用壁垒，杜绝农业数据垄断，降低农民使用数据成本，推动农业产业内数据要素流动，加速农业数据更新，缩小数字鸿沟，确保农民切实共享农业数据，获得数字经济驱动农业高质量发展的红利。

第十六章　数字经济对就业的影响

第一节　数字经济与就业问题

近年来，作为中国经济发展的新能源之一，"数字经济"这一词汇经常出现在政府工作报告中。它可以拓宽经济发展的渠道，激活市场经济，加快互联网发展速度，创造出自身的优点。另外，由数字经济形成的新生活方式逐渐融入人们的日常中，渐渐地影响着人们的就业格局。

迄今为止，大多数文献研究了数字经济对就业总量的影响。然而，学术界对于数字经济对就业总量的影响，一直都没有一个明确的观点，仍存在争议，主要聚焦于一个问题：数字经济究竟是有利于就业，还是不利于就业。

一、就业概念

就业的定义是这样的：处于一定年龄段的劳动者，具备一定的劳动能力且有付出劳动的欲望，为了换取相应的报酬或者得到利润收入而愿意进行的劳动。首先，劳动者要在规定的年龄段范围之内，关于就业年龄的规定，不同的国家规定有所不同，美国为 16 周岁，我国为 18 周岁；其次，要满足换取劳动报酬或得到利润收入的目的，而不是无偿劳动；最后还有一点，每周的工作时长要满足一定的条件。以上三点必须同时满足，才能被定义为就业。

二、就业总量

就业总量是指就业人数的总数量，也就是指参与上述就业活动的人数总量。满足年龄限制条件的劳动者可以有以下几种情况：

第一，是有自己的职业并且正在工作的劳动者。

第二，是由于一些不好的因素导致有职业但是不得以临时停工的劳动者，这些因素包括事故发生、存在劳动争议以及天气原因等情况的发生，属于这种情况的只是暂时不能工作的劳动者。

第三种是在规定的时间内，工作时长达到规定总时长三分之一以上的劳动者，属于这种情况的有个体经营的业主、私营企业的业主以及家族企业经营不获取报酬的劳动者。

就业总量就是以上几种情况劳动者的总和，也是生产过程中用衡量劳动要素投入的重要指标。

三、就业结构

就业结构可以通俗的理解为社会劳动力的一些分配结构，具体是指在国民经济的每个相关部门内部，社会劳动力的总数目、占总体的比例及它们之间的关系等。如果从广义的角度来看，就业结构根据不同的研究方式和标准有不同的分类。若以经济结构为标准，可以被分为多个部分，如产业、城乡和区域等；如果以劳动者的信息为分类标准，就业结构可以从文化程度、技能和性别等角度划分。而狭义的就业结构单单指劳动力在第一、第二和第三产业之间的分布情况，即就业的产业结构。

数字经济就业着重于考察新技术的运用，它主要是借助网上的数字信息对涉及的工作或者一些临时安排的简单任务进行服务及管理的就业。

第二节　数字经济影响就业

一、改变了劳动力需求

数字经济通过改变劳动力需求，影响就业总量，表现为数字技术的替代效应和抑制效应。

（一）替代效应

当前，数字技术已被运用于各行各业。企业生产相同产量的产品，在使用数字技术的情况下所需要的劳动力比没使用的要少，促使劳动生产率的提高。若保持产出不发生变化，那么就会减少雇用劳动力的数量，从而改变了对劳动力的需求。

首先，数字技术在某种程度上会替代就业人员。

其次，数字经济使得产品运营流程发生变化，这将会导致有关就业岗位流失。在这个过程中，商品需要经过代理商及其他中间一系列流程被售卖。

再次，随着现在物流及电子行业的快速发展，制造商可以和消费者沟通，直接销售自己的物品。这样一来，中间很多的环节不再进行，因此，与之相关的就业岗位也随之消失。

最后，数字技术可以大大消减产品在市场的信息不均衡现象，从而提升连接效率，这样大大减小中介行业的插入。数字技术的应用使我们又快又有效地获取信息，传统的中介行业受到严重打压，对劳动力的需求减少。

（二）抑制效应

主要可以分为两种类型：补偿效应及创造。

补偿效应是由于劳动生产率提升才出现的，可以分为需求效应和收入效应。其中，前者是随着劳动生产率不断地提升，企业成本在降低，利润在增加，一些企业会趁此机会增大生产规模，需要的劳动力会增加，即需求增加。

收入效应是由于劳动生产率提升，一方面，雇用劳动的工资增加，劳动者的可支配收入增多，对产品的需求也会增加。另外企业的生产成本增加，企业为了保持利润会增加销售产品的价格，此时企业仍会选择增加产出。因此，需要的劳动力会增加。创造效应具体是数字经济带来了许多新兴的业态及岗位。

数字经济的主要产业是 ICT 产业。互联网经济引起企业的组织模式走向新型化，网络平台组织的出现印证了这一变化。理论上讲，网络平台化企业在增大规模时不受限制且边际成本几乎为零，这一点是传统企业无法达到的，所以，企业会选择在低成本下继续增大规模，需要的劳动力会增加。

二、提高了劳动生产效率

（一）可以缩减劳动力迁移成本

劳动力迁移主要是一些劳动者为了获得更多的工资或者为了子女上学等一系列使自己更加收益进行的地理位置的迁移。因此，劳动力的迁移主要是由收益大小决定的。劳动力迁移成本主要分为三点，分别为直接成本、机会成本及心理成本。

直接成本通常是在迁移的过程中支付出去的车费等；机会成本主要是指在这个过程中造成的经济上的损失；心理成本是指在这一过程中自己心里的一些思想感情的变化。

劳动力迁移成本对其迁移至关重要。成本越高，那么劳动力流动性一定会降低，导致劳动力供需出现失配现象。此外，也使失业劳动力选择的就业岗位更少，提高了失业率。

数字技术应用的最明显一大优势是上班地点越来越活跃。大多数工作可以随时随地开展，不再像传统行业一样，必须在特定地点才可以办公。这一点优势大大提高了劳动者的积极性，有更多机会让劳动者做出自己的选择，劳动者也愿意去参与。另一方面，电子技术的发展为我们便利开展工作提供了很多线上沟通交流的手段，即使我们不见面也能很好地解决问题。因此，数字经济降低了迁移成本的同时，还大大提高了市场效率。

（二）降低了搜寻成本

根据职业搜寻可知，如果在信息不完全得知的情况下，想要通过搜寻了解工资，主要由边际收益及边际成本所决定。如果收益大于成本，则可以搜索，反之不可以搜索。此外，在这一过程中的机会成本也会影响自己的选择。

除了上述的情况，还有一个非常好的例子是网上求职。

一方面，上网可以更便捷地了解信息，而且不只是一个城市，也可以异地搜索，使得求职者能够快速有效地找到工作，且匹配度高，减少结构性失业。

另一方面，就业平台发展得越来越丰富，例如 58 同城、猎聘等，使劳动者更加容易获取岗位信息，明显提高了就业范围。数字经济优化了劳动力市场的机制，降低了劳动者的搜寻成本，满足了劳动者对岗位的需求，降低了失业率。

三、数字经济影响就业产业结构

随着数字经济的不断发展，数字技术在传统产业的渗透程度越来越深。在此渗透作用下，必定会推动就业人员在三大产业间进行转移，进而使得就业产业结构发生变化。

（一）促进个体户的自由发展

如今的数字化经济给人们带来了大量的好处，比如消费者在网络上买衣服、食品及其他物品等时，可以直接和卖家沟通，省去了与中间商之间的交易费用，促进个体户的自营发展；还有一些具备技能的劳动者可以借助平台交易商品，降低信息成本，劳动者和消费者可以各自获得各自的好处，获得相应的报酬，进一步推动了自雇就业方式的实现。

与其他行业相比，这种经营方式与服务业的性质相似，由于它的投入固定资产较少，对于具备一些技能的劳动者大有帮助，可以实现自我经营。此外，其资本密集度较低。

（二）数字经济促使产业数字化

对于传统产业，数字经济的发展不仅提高其生产效率，而且促进其数字化的进程。在数字经济与三大产业不断融合的过程中，三大产业都可以从中获得一定的好处。然而，由于产业本身的特点，它们在转型的过程中出现较大的差距，导致收益不一样。第三产业具有明显的三个特点，分别为高费用、低固定资产和低资本密集，这样将会让其数字化更容易，普通人员向具备数字化技能的人员转变更加方便，效率随之得到提升。

与第三产业相比，第二产业是低费用、高固定资产、高资本密集，所以数字化较困难。传统工人的特点是基础工艺强，专业知识及智能操作能力较差，因此转型较为困难。比如说线下上课的老师转为网上授课是容易简单的，但普通工人一般情况下学习能力较差，要学习新的技术、操作新的设备，这种事情对他们来说比较困难。

第三节　数字经济下我国就业发展现状

一、数字经济推动国民经济增长

数字经济对国民经济的增长起到了重要的带动作用。数字经济为我国经济做出的贡献越来越大，数字经济的发展速度在一定程度上反映了一国的经济实力。

数字经济在推动经济发展过程中具有不容小觑的作用。随着时间的推移，近十几年来数字经济占 GDP 的比重在逐渐增大，意味着数字经济对国民经济发展越来越重要。

二、数字经济结构持续优化升级

在数字经济中，产业数字化这一指标的值是至关重要的。就数字产业来说，它是由于数字技术提升所带来的新的产业，与传统产业比，比重相对来说还是较少。而数字技术与传统产业的融合部分，是以传统产业为依托的，所以产业数字化是数字经济发展主要领域，随着融合发展的逐渐深入，预测产业数字化会继续扩大。

可以看出，我国数字经济发展虽然整体上呈现出快速增长的趋势，但相对于产业数字化而言，数字产业化占比逐渐减小。

一方面，说明了融合型经济逐渐成了发展的重要方向；另一方面，也证明了数字产业发展的速度减缓。

在数字信息产业化的过程中，数字化的基础设施是较为重要的内容，包括软件、互联网设施等，这些高科技的数字设施建设主要依靠科技的进步和地区经济发展水平的高低。所以相较发达地区，经济水平低的地区数字产业速度会比较慢，进而影响当地数字经济的发展。我国是人口非常多的国家，由于东西部、南北部地区发展不平衡，数字基础设施建设也存在着较大的差距。总体上看，数字基础设施的建设应为我国数字产业化重点加强的内容。

三、就业现状

我国的人口基数大，劳动力市场资源丰富，但是我国劳动力大多数文化程度不高，这导致劳动者不能与就业岗位适配，从而导致劳动力供给与市场需求出现失衡，进而出现就业矛盾。

近年来，高校毕业生每年都在增加，这一部分的劳动者面临着竞争激烈、岗位不能满足自身需求导致就业难的问题，在农村还有大量的农民没有工作，为了找到工作他们只好选择走出农村走向城镇。此时，城镇无形之中多了一部分劳动力，加剧了城镇的就业压力。另外，产业结构调整会在一定程度上引起失业率的加大。经济全球化发展，使得我国较低的劳动力成本逐渐不占优势，就业压力持续增加，就业局势更加不乐观。

四、数字经济就业总量现状

数字经济作为一种新型经济形态，在替代一部分传统工作的同时也创造着新的工作，并且新增就业大于替代就业。据统计，在数字经济行业中，比如在 200 个就业人口中，其中 144 个是升级原有就业，剩下的 56 个则是新增就业岗位。由此可见，数字经济新增就业岗位的作用越来越明显，最终结果是就业总量不断增加。我国正处于加速数字化转型时期，数字经济吸纳就业的能力与日俱增。

五、数字经济就业产业结构发展现状

在各个产业之间，产业规模与结构变化这两个方面一直是衡量产业的重要指标。这两个指标共同作用产业之间的关系，影响着经济增长对就业以及劳动力的配置。由于每个行业有自己独特的特点，根据行业的不同需求，数字信息化的渗透程度在各个行业有所不同，导致每个行业的就业情况也不一致，有的行业好就业，有的行业不好就业。

到目前为止，各行业数字经济吸纳就业量均表现出一个典型的特点：第三产业就业数目要大于第二产业就业数目大于第一产业就业数目。

第二产业和第三产业中的关于数字经济领域的就业岗位较多，第一产业中数字经济类的岗位较少。出现这种情况的原因可能是，第一产业数字经济大类有关的岗位主要集中在农、林、牧和其他服务业；第二产业数字经济大类有关的岗位主要集中在材料、电气和机械等制造业；第三产业数字经济大类有关的岗位主要集中在科研、零售业以及商务服务业等。

因此，相比于第一、二产业来说，第三产业岗位中与数字经济相关的岗位类型与数量最多。相比之下，第一产业和第二产业就业招聘岗位数量较少，但有一定的发展空间。

第四节　数字经济就业过程存在的问题

一、缺乏技术人才

近年来，随着我国人口流动的日益加快，人才供给结构逐渐呈现出不平衡的局面。

从区域角度来看，我国人口从农村、乡镇快速转移到大城市，城市化程度越来越高，随之而来的数字经济就业差距越来越大。大城市的人口越来越多，中小城市人口越来越少，进而导致人才供给结构出现严重的失衡。同理，关于数字经济方面的人才一样，大大提升了失业的概率。

从产业角度来看，由于数字经济发展，人才逐渐在第三产业流动，导致第一、二产业缺乏数字技术人才，出现人才供给不平衡问题。与发达国家相比，第三产业就业人员仍然不高。

此外，从事在第三产业行业的就业人员的工资比第一、二产业的高很多，这种现象将大幅度加快人才向第三产业流动，导致其他产业人才供给不足，阻碍了各行业数字化转型进程。

二、人才需求缺口不断增大

重视专业化人才的培养是我国教育制度的关键要义，致使在当前数字经济时代严重匮乏既熟悉传统产业技术、运行机制与发展需求，还会运用数字技术的复合型人才，有融合工作经验或实习经历的高素质人才更是少之又少。

通过调查发现，各行业在数字化转型过程中遇到最大的困难就是数字技术人才的缺失，至于一些融合型人才更是少之又少。此外，在各个传统行业转型进程中，也不断需要大量技术人才的加入，人才需求远大于人才供给，需求缺口仍然在不断增大。

三、收入差距变大

新一代新兴技术的发展对重复性低的工作具有的替代作用暂且比较弱，特别是服务工作需要根据环境的变化及时进行调整，具有非常强的个性化，此时岗位需求不容易被取代，科技研发等高端工作理论性非常强，而且需要拥有较强的抽象性和较高的创造性，也不容易被数字技术取代。高低端市场的就业保持稳中有进时，中端市场的就业量处于下降趋势，大有可能造成就业的两极分化。

就业两极分化问题在很大程度上会加大不同就业人群间的收入差距。当大部分中端收入人员的工作被数字化替代时，中端市场出现求职者的供给大于需求、招聘岗位数的需求大于供给的局面，导致招聘方讨价还价的权利增大，求职者处于劣势地位，这对找工作的人员来说是不利的。

虽然随着经济不断地发展，高端市场人员和低端市场人员的收入接连上升，但是中端市场人员的收入呈现出连续下降趋势。当中端市场人员仍然没办法找到适合自己的中端工作时，就会转向低端市场找工作，导致低端就业人员供给大于需求，进而使这一方向就业人员的工资明显降低，收入差距更加明显，加剧收入不平衡。

四、就业服务方面不够完善

数字经济发展产生了大批就业岗位，使得在该行业就业的人数大规模增加，进而对职业技能培训跟就业招聘及咨询服务等的需求日益增加。各大互联网平台可以借助线上培训和岗前培训的手段对就业人员进行相关业务培训，但是培训内容并没有为就业人员提供各行业全方面的就业服务，单单是包含了该企业本身就业服务的要求。

目前，我国某些方面的公共就业服务中有许多地方做得不够完善。例如，对新就业人员或即将转为新就业人员来说，在一些类似就业登记信息等方面不是特别准确。新型职业供给需求信息量少，还有最典型的是人工服务人员的专业知识储备能力较低等问题，使大部分新就业人员的服务需求得不到满足。

五、各方面保障仍需完善

新经济下就业人员的劳动权益未能得到应有的保障。在传统雇用关系中，雇主负责就业人员的组织管理工作，在招聘的一系列流程中拥有较大的决定权，就业人员在用人单位规章制度的限制之下接受管理，从属性较强。

第五节　政策建议

一、加快发展数字经济，增加就业岗位

在经济持续增长的同时继续保持增大就业岗位数量。加快发展数字经济，进而实现经济增长和就业率提升的双赢战略，通过增加就业岗位数量，保证劳动者充分就业，进而改善劳动力，提高生活水平。

二、加强职业技术能力培养

构建新兴学科建设体系，加大力度布局先进新技术等有关学科，进一步培育新一代数字技术人才。加强职业技术能力培养，从各个方面提高数字化技能和人才分布的区域均衡性。

完善鼓励和扶助灵活就业群体的职业培训措施，加强对新职业概念界限的确定，主动有效地组织一系列新职业技能提高活动，改进与新职业培训模式相匹配的补贴申领方案。

三、完善相关的就业咨询与服务

完善及改进就业服务体制政策，加强就业咨询、招聘、政策服务等，经常组织并开展线上及线下相互结合的活动。积极鼓励某些服务在线上举办，鼓动人们积极参与到线上的活动中来，尽可能满足人们对于线上工作的要求，让人们可以自愿参与线上活动。此外，支持大型企业起到率先带头作用，为待就业的人员提供良好的就业岗位。

四、加强社会保障

建立新业态劳动者权益保障制度，解决在灵活就业中出现的劳动纠纷难处理、就业保障等一系列问题。

参考文献

[1] 白骏骄 . "互联网+"时代创新对宏观经济和金融的影响[J]. 山西大学学报(哲学社会科学版),2020,43(01):130-138.

[2] 卞永祖 . 智能经济打造增长新引擎[J]. 人民论坛,2019(S1):96.

[3] 曹策,王真 . 全要素生产率冲击对两部门经济增长的影响研究[J]. 技术经济,2020,39(04):53-58.

[4] 曾建勋 . 开启数据生产要素新引擎[J]. 数字图书馆论坛,2020(06):1.

[5] 钞小静,惠康 . 中国经济增长质量的测度[J]. 数量经济技术经济研究,2009,26(06):75-86.

[6] 陈利锋,钟玉婷.人工智能发展对通胀动态的影响及政策挑战:基于动态随机一般均衡模型的分析[J]. 西部论坛,2020,30(4):1-11.

[7] 陈姗姗,张向前 . 互联互通蓝图下中国产业转型升级与经济中高速增长竞争优势研究[J]. 科学管理研究,2019,37(03):70-76.

[8] 陈燕儿,蒋伏心,白俊红 . 中国高技术产业发展的质量检验:基于全要素生产率的视角[J]. 研究与发展管理 2018,30(06):117-127.

[9] 陈卓,杨石华 . 内生增长理论与媒体融合视阈下学术期刊知识服务创新[J]. 郑州大学学报(哲学社会科学版),2019,52(05):112.